대통령의 언어

대통령의 언어

김대중·이재명의
눈·말·글·몸

고도원 지음

메디치

프롤로그

2024년 12월 3일, 윤석열의 비상계엄 선포는 잠자던 나를 벌떡 일으켜 세웠다. 25년 동안 깊은 산속에서 명상하며 은둔생활을 하던 나를 세상 밖으로 다시 나오게 했다. 대학시절 긴급조치 9호로 제적되었던 그때의 마음처럼, 이제 칠십 고개를 넘어선 지금 내 한 몸을 던져서라도 역사의 역주행을 막지 못한다면 우리 아이들에게 비참한 세상을 물려줄 수밖에 없다는 절박함에 불면의 밤이 지속되었다. '대통령'이라는 자리가 얼마나 엄중한 것인지를 절실히 깨달으면서, 나는 두 대통령의 언어에 주목했다.

김대중은 독재의 시대에 태어나 민주화를 위해 싸운 인물이다. 그의 언어는 생존과 설득의 무기였다. 준비된 언어, 상식의 언어를 사용했고 시대를 담았다. 그러면서 체계적이고 논리적이었다. 평생에 걸친 고난과 독서, 깊은 사유에서 나온 언어를 구사했다. 감정은 절제되었고, 이성과 논리로 다져졌다.

이재명은 산업화 시대에 빈곤한 가정에서 태어나 대통령 자리까지 오른 인물이다. 그는 초등학교를 나오자마자 중학교 대신 공장에 들어가 가족의 생계를 도왔다. 궁핍과 고난, 독학으로 다져진 그의 언어는 정보화 시대를 관통하는 현장 언어에 능통했다. SNS와 실시간 대응의 정치 환경에서 '사이다 발언'으로 주목을 끌었다. 그의 언어는 즉흥적이며 날카롭고 시원하고 짧다. 감정을 숨기지 않으며, 오히려 그것을 무기로 삼는다.

김대중이 '편지의 언어'였다면, 이재명은 '댓글의 언어'이다. 김대중이 침묵 속에서 준비된 '말의 사제'였다면, 이재명은 소음 속에서 탄생한 '말의 전사'다. 시대가 바뀌어도 두 사람의 말과 글은 닮아 있다. 두 사람 모두 '국민의 고통'을 말의 출발점으로 삼았고, 그 말에 책임을 지려 했다. 김대중은 독재와 폭력 앞에서도 '양심의 편'에 섰고, 이재명은 자신을 집요하게 물어뜯는 거대 기득권에 맞서 두려움 없이 싸우는 '집단지성의 벗'이 되었다.

그들의 말은 유심히 살펴보면 '권력을 자신이 아닌 국민을 위해 사용하겠다'는 윤리적 정치 철학에서 출발했다. 두 사람의 언어에서 우리는 이 시대 정치 지도자의 언어를 읽어낼 수 있다. 사람과 사람, 고통과 고통, 과거와 미래, 말과 행동을 연결하는 것이 리더의 언어다. 언어로 세상을 움직인다. '살아 있는 언어(Living Language)'다. 고통의 바닥에서 피어난 언어, 현장과 일상 속에서 태어난 언어, 분열의 시대에 통합을 끌어내는 언어, 그것이 곧 지도자의 언어다.

나는 5년 동안 김대중 대통령을 곁에서 모셨다. 그분은 말하길 즐겼다. 그분의 말은 곧 글이었다. 그러나 말이나 글보다 눈으로 먼저 소통했다. 고난과 독서 속에서 깊이 벼린 언어를 입술로, 몸으로 사용할 줄 아는 분이었다. 사람의 양심을 흔들고 세상의 중심을 바꿔놓는 분이었다. 나는 그의 말보다 침묵, 그의 글보다 그의 몸짓에서 언어의 영향력을 배웠다.

그러던 어느 날, 이재명이라는 또 한 사람의 언어에 주목했다. 대통령 후보 수락 연설과 대통령 취임사 작성을 도우면서 특별한 것을 발견했다. 지난 20여 년 은둔생활을 하다시피 하며 먼발치에서 지켜보면서 그의 언어가 김대중의 언어와 많이 겹친다는 생각을 하고 있었는데 실제로도 그랬다.

  김대중은 준비된 언어를 구사했다. 그의 말은 언제나 시간을 두고 정리되었고, 그의 글은 오랜 사유와 통찰로 이어졌으며, 그의 몸짓은 항상 절제 속의 품격을 지켰다. 그는 말로 이기려 하지 않았다. 유머와 침묵으로 이겼다. 그의 언어는 '양심을 흔드는 사상'이었다.

  이재명은 정면 돌파의 언어를 구사했다. 그의 말은 길 위에서 태어났고, 그의 글은 고단한 삶의 기록이었다. 그의 몸짓은 자신을 가로막는 벽을 넘기 위한 사다리였다. 그는 대통령 선서를 하자마자 국회 청소원들과 악수하고, 쪼그려 앉아 사진을 찍었다. 그는 때때로 그렇게 몸으로 말했다. 그의 언어는 '현장을 흔드는 파격'이었다.

이 책은 김대중과 이재명의 언어를 눈·말·글·몸이라는 틀로 해부하고, 그 언어가 어디서 왔으며 어디로 향하는지를 탐색한다. '눈'은 그들이 본 세계관을 보여주고, '말'은 그들이 선택한 싸움의 무기를 보여준다. '글'은 그들이 기록으로 남긴 한 시대의 문장을 드러낸다. 그리고 '몸'은 '몸짓'으로 표현한 '몸 언어'를 뜻한다. '몸 언어'는 말과 글보다 더 강력한 힘을 갖는다.

나는 이 두 사람의 언어에서 한 시대를 꿰뚫은 통찰을 읽었다. 시대정신이 담긴 사상을 보았다. 세상을 껴안고 연민하는 철학을 보았다. 이 책을 읽는 모든 이가 자신의 언어를 돌아보고 자신만의 눈·말·글·몸의 언어 체계를 세워보기 바란다.

이 책은 김대중과 이재명의 눈·말·글·몸을 통해 '지도자의 언어란 무엇인가'를 새롭게 묻는 여정이다. 비교하고 해석하기 위함이기도 하지만 그들 언어의 유전자에 담긴 영혼의 무늬, 양심의 구조, 역사를 관통하는 시대정신, 국민을 아우르고 품는 정치 지도자의 삶의 태도와 방식을 찾아가는 작업이기도 하다.

깊은산속 옹달샘에서
2025년 7월
고도원

차례

프롤로그 **4**

1장 눈, 약자의 시각
　멀리 보고 동시에 가까이 보는 사람 **14**
　정치인의 눈은 세상을 읽는 창 **18**
　김대중의 눈, 세상을 다르게 보는 눈 **24**
　이재명의 눈, 민생의 고통을 꿰뚫는 시선 **30**
　고난을 마주 보는 눈, 사랑으로 품는 눈 **35**
　대통령의 눈으로 본 국민, 국민의 눈으로 본 대통령 **39**
　반걸음 앞에서 시작된 민주주의 **45**

2장 말, 시대를 돌파한 언어
　김대중의 말, 인내와 설득의 기술 **52**
　이재명의 말, 진심과 위기 극복의 힘 **58**
　상식의 언어 vs. 전복의 언어 **64**
　말은 시대의 통로다 **68**

3장 글, 기록된 사상과 철학

지도자의 자서전, 회고록, 말은 흐르고, 글은 남는다 **74**

옥중서신, 감옥에서 철학자가 된 김대중 **78**

실패의 기록 vs. 진심의 기록 **82**

말과 글에서 드러나는 양심과 진실 **86**

김대중의 양심은 '자기 절제'로, 이재명의 진실은

　'감정의 투명함'으로 **89**

기록은 잊히지 않는 약속, 다음 시대의 거울이다 **92**

4장 언어, 시대를 꿰뚫는 유전자

준비된 언어, 논리와 배려의 프레임 **96**

상식의 언어, 국민과의 공감대를 이루는 말 **101**

희망의 언어, 희망은 믿음이며 만들어지는 것 **105**

진실의 언어, 거짓을 돌파하는 정직한 말의 힘 **110**

통합의 언어, 분열을 넘어서는 목소리 **113**

양심의 언어, 사람의 양심에 불을 붙이는 부싯돌 **118**

감정의 언어, 혁신과 변화를 이끄는 힘 **122**

치유의 언어, 말이 세상을 감싸안을 때 정치도 숨을 쉰다 **127**

5장 몸, 말보다 강한 몸의 언어

　　김대중의 몸 언어, 절제된 침묵과 폭발하는 오열　**132**

　　이재명의 몸 언어, 낮은 자세와 눈 맞춤　**137**

　　단식과 침묵, 자신의 고통을 드러내는 몸 언어　**140**

에필로그 1　**144**

에필로그 2　**147**

부록

　　김대중 대통령 취임사　**152**

　　이재명 대통령 취임사　**167**

1장

눈,

약자의 시각

멀리 보고 동시에

가까이 보는 사람

1980년의 어느 법정, 김대중은 한 마디 말도 없이 고개를 들었다. 그의 눈은 많은 말을 담고 있었다. 시대의 불의를 바라보며 절망과 슬픔에 찬 눈빛 같기도 했고, 그 너머의 희망을 바라보는 듯도 했다. 그는 굳게 다문 입술로 천천히 고개를 들었다. 그의 눈은 분노를 담지 않았다. 대신 오랫동안 덧씌워진 시대의 그림자가 선명했다.

    그는 '폭도의 우두머리'였고 그보다 더 무서운 '빨갱이'였다. 그 그림자 속에 갇혀 있는 듯 보였지만 분노는 아니었다. 도리어 연민이 묻어 있었다. 그가 바라본 것은 법정의 판사였지만, 그의 눈은 법정 밖의 국민을 바라보는 듯했고, 더 멀리 다음 세대의 국민을 보는 듯했다. 그의 눈은 언제나 약자의 편에 머물렀다.

김대중은 멀리 보는 사람이었다. 그의 시선이 머무는 곳엔 늘 그 시대 너머의 사람과 미래가 있었다. 그의 시선은 언제나 가장 가까운 곳과 가장 먼 곳에 머물렀다. 하나를 보면서 열을 품었다. 눈앞의 국민감정과 민심, 그 너머 역사의 흐름을 응시했다. 그의 눈에는 '남북의 미래'가 있었고, '약자의 권리'가 있었으며, '말하지 못한 자들의 고통'이 머물고 있었다. 그의 눈은 시대를 앞서갔다. 그러나 언제든 '반걸음 앞'이었다.

이재명의 눈도 비슷하다. 그 또한 멀리 보는 사람이다. 그의 삶 자체가 약자의 삶이었다. 그의 시선은 먼 곳을 향해 있지만 초점은 늘 가장 가까이 있는 약자에 맞춰 있었다. 시장 골목에서, 거리의 단상 위에서, 골목 끝의 한 청년과도 무릎을 굽히고 앉아 눈을 맞췄다. 바쁜 일정 때문에 참모들이 재촉하면 "잠깐 잠깐" 하며 수첩을 꺼내 들어 경청했다. 그는 대통령 취임식을 마치자마자 국회 본관의 청소 노동자들을 찾았다. 그들과 만나 활짝 웃으며 악수하고 무릎을 굽히고 앉아 '단체 사진'을 찍었다.

　그의 시선은 '문제'를 피하지 않는다. 눈앞의 현실을 직시한다. 그러고는 정면 돌파하는 방식을 택한다. 그는 말을 하기 전에 먼저 묻는다. "당신은 괜찮습니까?" "하실 말씀 없어요?" 그때 그의 눈은 언제나 호기심으로 번뜩였다. 그의 시선은 '위에서 내려다보는 것'이 아니라 '같은 눈높이에서 지켜보는 것'이다. 그래서 그의 눈은 늘 가깝고 뜨겁다.

두 사람 모두 극도의 고난을 겪었다. 고난을 피하지 않았고 피할 수도 없었다. 놀랍게도 두 사람은 모두 그 고난이 주는 고통을 '응시'했다. 시선을 피하지 않고, 그 고통을 자신 안으로 끌어안았다. 그 눈에는 한 시대의 시련, 한 민족의 아픔, 한 개인의 가난과 궁핍이 가득 담겼고, 그것이 시대의 기억으로, 역사의 흐름으로 이어졌다. 김대중은 고난을 통해 세상을 바라보는 생각의 깊이를 키웠다. 이재명도 고통을 통해 세상을 풀어가는 사유의 속도를 키웠다. 그러나 결국 그들이 바라본 곳은 같다. "당신이 고통받고 있다는 사실을 나는 알고 있다." 그 시선 하나가 수많은 사람의 삶을 일으켜 세우고 눈물을 멈추게 했다.

민주주의는 제도로만 만들어지지 않는다. 민주주의는 '국민이 나라의 주인'임을 시스템으로 만든 것이다. 그것을 지켜내는 일은 누군가의 눈에서 시작된다. 그 눈이 국민을 어떻게 바라보는가에 따라 그 나라의 정치가 달라진다. 민주주의는 지도자의 눈에서 시작된다.

    김대중은 국민을 '동지'로 보았다. 그의 눈빛엔 언제나 그 주권자를 바라보는 신성함이 있었다. 막중한 책임감이 있었다. 그는 한 번도 국민을 소유하려 들지 않았다. 우리 시대에 경험한 누구처럼 국민을 개돼지로 보지 않았다. 늘 고맙고 두렵고 경이로운 존재였다. 이재명은 국민을 '주권자'로 보았다. 그가 21대 대통령이 되면서 천명한 핵심 중의 핵심이 '국민주권'이었다. 국민이 주인인 나라, 그것이 '진짜 민주주의'라고 선언했다. 그것을 풀어가는 그의 눈빛엔 언제나 공감과 연민의 감정이 담겼다. 그는 국민에게 "저와 함께해달라"고 호소했다.

한 사람은 멀리 보는 눈으로 국민을 이끌었고, 한 사람은 곁을 보는 눈으로 국민과 함께 일했다. 눈은 말보다 먼저 진실을 말한다. 침묵 속에서도 세상을 가장 가까이, 가장 멀리 바라본다.

정치인의 눈은

세상을 읽는 창

김대중의 눈은 종종 단호하고 날카로웠다. 눈빛만 바라봐도 오금이 저렸다. 그러나 때론 지쳐 보이기도 했다. 힘없이 눈을 감을 때도 많았다. 실타래처럼 얽히고설킨 현실을 벗어나기 위한 것이었겠지만 다시 눈을 떴을 때는 주어진 현실을 묵묵히 감내하는 눈빛으로 바뀌어 있곤 했다.

나는 종종 그의 눈에서 '깊은 통찰'을 읽었다. '외로움'과 '절대고독'도 느꼈다. 그가 감옥에 있을 때, 수배 중일 때, 혹은 정치적 고립을 겪을 때 그의 눈빛은 오히려 더 맑아졌다. 누구를 설득하거나 끌기 위한 눈이 아니었다. 스스로 더 잘 견딜 수 있다는 믿음을 굳히는 눈이었다.

그는 때로 청와대 집무실 창가에 서서 바깥을 오래 응시하곤 했다. 그 바깥은 풍경이 아니었다. 불안한 현실에 있는 국민, 곧 보통 사람들이었다. 빈민, 농민, 노동자, 사회적 약자들. 그들의 삶이 자신이 풀어내는 정치 안에서 흔들리지 않기를 바라는 절대고독의 시선이었다. 김대중의 눈은 이상을 좇으면서도 현실의 모순을 외면하지 않았다. 그의 시선은 늘 누군가의 말을 듣고, 견디고, 지켜보는 사람의 눈으로서 존재했다.

눈은 단순한 신체 기관이 아니다. 정치인에게 눈은 세상을 해석하는 창이다. 그 창이 얼마나 투명한가, 어떤 색깔인가, 어느 쪽을 향하고 있는가에 따라 그의 정치 철학의 방향이 정해진다. 김대중과 이재명. 세대도 다르고, 말의 방식도 다르지만 세상을 바라보는 눈의 기준과 방향은 무서울 정도로 닮아 있다. 두 사람 모두 현실의 아픔을 정면으로 바라보고, 가장 빠르게 해결하는 '실력자의 눈'을 가졌다.

    김대중은 광주의 비극을, 독재의 억압을 단 한 순간도 외면하지 않았다. 이재명은 서민의 고통과 불평등, 불공정 구조를 외면하지 않았다. 그들의 눈은 늘 가장 약한 사람에게로 향해 있었다. 보이는 현상 뒤에 감춰진 불균형과 부조리의 구조를 꿰뚫어 보았다.

    김대중은 한반도 역사의 궤도를 '평화'로 바꾸기 위해 노력했다. '남북문제'를 평화의 프로세스로 전환하려 애썼다. 이재명도 '평화가 밥'이라고 말했다. 싸워서 이기는 것보다 싸우지 않고 이기는 것이 좋고, 싸울 필요가 없는 것이 더 좋다고 말했다. 그것이 이재명이 말하는 '평화'다. 그 '평화'로 가는 과정에 최대 걸림돌인 불평등과 양극화 문제를 해결하기 위해 노력했다. 오랜 '사법 리스크'를 견뎌내면서 '제도적 불공정'의 문제를 온몸으로 체험했기 때문일 것이다. '개개인의 평화' 없이 어떻게 '국가의 평화'가 가능할 수 있겠는가. 두 사람 모두 당면한 '문제의 현상'에 멈추지 않았다. 구조와 맥락까지 들여다보는 눈을 지녔다.

그들의 눈이 공통적으로 닮은 것은 '권력'이 아닌 '민중'을 중심에 두었다는 점이다. 김대중은 군사독재 권력 앞에서도 민중의 뜻을 외면하지 않았다. 이재명은 기득권과 대립하면서도 늘 서민의 삶에 시선을 고정했다. 이들은 모두 민중의 고통을 가장 가까이에서 눈으로 확인한 사람들이다. 그 고통을 이해하는 눈, 그 고통을 없애거나 덜어주고자 하는 꿈과 열정과 의지가 그들의 정치를 만들어냈다.

김대중은 긴 호흡으로 역사의 흐름을 읽는 눈을 가졌고, 이재명은 현장의 순간순간에서 움직이는 민심을 읽는 눈을 가졌다. 두 사람은 멀리서 전체를 조망했고, 가까이에서 미세한 진동을 감지했다. 두 시선이 바라본 방향도 하나였다. 이 나라가 나아가야 할 길, 국민의 삶이 더 좋아지는 사회, 정의와 평등이 살아 숨 쉬는 민주주의. 그들의 눈은 언제나 그 지점에 머물러 있었다.

각 사람이 자기의 당연한 몫을 가지는 것이 정의다. 어른은 밥 한 그릇을 먹는 것이 정의이고, 어린이는 그 반을 먹는 것이 정의다. 자본가는 자본가의 몫을 받고 노동자는 노동자의 몫을 받으면 정의가 성립한다. 그렇게 하면 인정이 있다. 그러나 노동자가, 자기가 번 것의 반 이상을 빼앗겼다고 생각할 때 거기에는 이미 정의가 없다. 정의가 없는 곳에 인정은 없다.

— 김대중, 《대중경제론》

정치는 억강부약(抑强扶弱)의 정신을 잃으면 안 된다. 강자가 약자를 약탈하는 것을 막고 함께 사는 세상을 만드는 것이 정치의 역할이다. 어떤 나라가 되어야 하는가? 모든 국민이

> 실질적으로 평등하고 자유로우며 공정한 경쟁 속에서 기여한 만큼 분배가 보장되는 정의로운 나라, 인권과 복지가 보장되고 평화롭고 안전하며 통일된 나라를 만들어야 한다. 그래야 국민들은 희망과 꿈을 되찾고 열정을 바칠 것이다.
>
> — 이재명, 《이재명, 대한민국 혁명하라》

최근에 출간된 책《김대중의 육성 회고록》을 보면 김대중은 '정의'의 의미를 경제 관점으로 쉽게 풀어냈다. 이재명도 2017년에 출간한 책에서 자신의 정치 방향을 이미 제시했다. 김대중, 이재명의 시선은 '정의'에 꽂혀 있다. 그 정의는 먼 산에 있는 구름이 아니라 사회 안에서 힘들게 살아가는 약자들을 위한 평등과 공정한 분배에서 비롯된다. 이 같은 시선이 두 사람의 대통령 업무 수행 과정에서도 그대로 이어졌고 상당 부분 현실이 되었다.

김대중과 이재명은 '위기'를 어떤 눈으로 바라보았을까. 김대중은 위기를 역사의 흐름 속에 위치시켜 해석했고, 이재명은 위기를 현장의 고통 속에서 위치시켜 파악했다. 방식은 조금 달랐어도 두 사람 모두 위기를 피하지 않고 정면 돌파했다는 점에서 공통점을 보여준다.

항상 위기의 표면보다 그 이면을 보려 했던 것도 닮았다. 김대중은 통일문제를 안보가 아니라 민족경제와 미래세대의 문제로 보았다. 이재명도 통일문제를 경제의 문제로 보았다. "평화는 밥이다"라는 어록이 그 단적인 예다. 민생의 위기도 제도의 불균형과 부패한 기득권 구조의 산물로 보았다. 그들의 눈은 언제나 '무엇이 문제인가'보다 '왜 그런 문제가 반복되는가'를 묻는 실사구시, 실용주의의 시선이었다.

김대중은 권력보다 국민의 시선을 더 두려워했고, 이재명은 권력보다 서민의 분노를 더 잘 알아챘다. 두 사람 모두 정치적 판단이 탁월했지만, 그것은 단순 계산이 아니라 고통받는 사람들의 현실을 정치적·경제적으로 풀어가고자 하는 방식이었다. 그들의 눈은 한 사람의 눈물에 멈췄고, 책상 위 정책보다 삶의 현장에서 비롯된 아픔을 먼저 응시했다.

　김대중은 오랜 역경 속에서 내면을 연마했고 이재명은 오랜 악마화를 견디며 내공을 쌓았다. 그들의 눈은 한국 민주주의의 창이었다. 그들의 눈은 위기를 뚫고, 구조를 읽고, 시대를 기억했다. 다른 시대를 살았지만, 같은 방향을 보고, 같은 해답을 찾아낸 사람이었다.

김대중의 눈,

세상을 다르게 보는 눈

나는 세상을 바꾸는 대통령이 되고 싶었다. 늘 길 위에 있었기에 고단했지만 내 자신과 적당히 타협하지 않았고 게으름을 경계했다.
— 김대중, 《김대중 자서전 1》

김대중의 정치 철학은 언제나 '세상의 변화'에서 시작되었다. 그는 세상의 흐름을 '보는 사람'이었다. 세상의 밑바닥을 보고, 가난한 이들의 삶을 보고, 분단된 조국의 현실과 미래를 보았다. 그리고 무엇보다도 그는 자신을 바라보는 국민의 눈길에 민감한 사람이었다. 그는 언제나 자신이 국민에게 어떻게 보일지 의식했다. 동시에 국민이 어떤 눈으로 세상을 보고 있는지를 궁금해했다.

> **나는 많은 사람들을 울렸다. 그러면서도 그들의 눈물을 제대로 닦아주지 못했다.**
> — 김대중, 《김대중 자서전 1》

그가 몇 번이나 강조했던 말이다. 그의 눈은 눈물의 눈이었다. 그는 눈물이 많은 사람이었다. 목포의 젊은 사업가로, 감옥의 수인으로, 망명자의 몸으로 살아낸 고난의 세월은 그에게 관찰자나 구경꾼의 눈이 아닌 창조자의 눈을 안겨주었다.

> **나는 정신적으로 기대했던 것 이상으로 안정되고 신념에 차 있으니 걱정 마시오. 여러 번 생사의 위기를 겪었던 것을 생각하면 현재가 얼마나 감사하오.**
> — 김대중, 《옥중서신 1》

김대중은 거의 평생을 생사의 위기 속에서 살았다. 그러나 그 위기를 피해야 할 것으로 보지 않았다. 오히려 위기를 거치지 않고는 민주주의의 회복도, 성장도 없다고 보았다. 1973년 동경 납치 사건 때 살아서 돌아온 그는 죽음을 목전에 두고도 그 공포를 민주주의에 대한 정치적 일념과 신앙적 확신으로 견뎠다. 김대중은 '민중의 눈'으로 세상을 보았다. 그의 눈은 엘리트의 눈이 아니었다. 오히려 가장 낮은 곳, 밑바닥 서민의 눈이었다. 아프고, 서럽고, 억울하고, 죽음 가까이에 있는 이들을 끌어안듯 바라보는 시선이었다.

민주주의는 말로 되는 것이 아니라, 배고픈 이들의 밥상에서 시작된다.
— 김대중, 《대중경제론》

김대중이 바라본 민주주의는 언제나 민생과 연결되었다. 하지만 이것은 단순한 민생 중심의 정치를 뜻하는 것이 아니었다. 권력을 바라보는 그의 눈의 위치를 말하는 것이었다. 그는 청와대 창밖을 보며 이렇게 중얼거렸다. "저 창문 밖에 있는 사람들이 진짜 대통령이다." 내가 그분을 모시면서 본 그의 눈은 늘 청와대 안이 아니라 청와대 밖을 향해 있었다.

무엇 때문에 싸워야 하고, 무엇 때문에 죽어야 하는가.
공산군이 물러나면 좌익이, 한국군이 물러나면 우익이 죽어야
했다. 나는 전쟁을 보았다. 그 후 평생 민족의 화해와 전쟁이
없는 세상을 꿈꾸며 살았다.

— 김대중, 《김대중 자서전 1》

김대중은 '민족의 눈'으로 남북문제를 보았다. 그의 눈은 한반도의 허리를 가로지른 휴전선 너머를 항상 바라보고 있었다. 그에게 있어 민족은 단순한 민족주의적 감정이 아니라 민족 화해와 궁극적 통일의 주체였다. 그는 햇볕정책을 통해 '북한 정권'이 아닌 '북한 주민'을 보고자 했다. 그러한 눈 맞춤은 결국 2000년 6월, 평양에서의 첫 남북 정상회담으로 이어졌고, 노벨평화상이라는 보상으로 돌아왔다.

저는 역사에 많은 관심을 가지고 있습니다. 역사를 대하면서
특히 느끼는 것은 당대에 권세를 누렸던 사람들이나
비참하게 매도당했던 사람들이 후세인들에게 어떻게
평가되는가 하는 것입니다. 역사를 보면 억울하게 매도되었던
사람들이 반드시 다시 평가됩니다.

— 김대중, 《김대중·나의 길 나의 사상》

김대중은 '역사의 눈'으로 우리나라의 민주주의를 꿰뚫어 보았다. 그는 한반도 정세를 현실적으로 해석하는 데 그치지 않고, 늘 '역사'를 토대로 삼아 현실을 직시했다. 그의 눈에는 고난과 시련의 역사 속에 담긴 '뜻'이 보였다. 그리고 그 '뜻'을 찾음으로써 고난에도 꺾이지 않은 민족의 저력이 보였다.

그의 눈은 항상 과거와 현재, 그리고 미래를 하나의 흐름 속에서 꿰뚫어 보았다. 그에게 '지금의 고난'은 과거의 우리 역사가 그렇듯이 결코 좌절의 이유가 아닌 성숙을 위한 통과의례였다.

나는 취임 후 '각하'라는 칭호를 쓰지 말라고 했다. 그러나 한동안은 잘 지켜지지 않았다. '각하'를 없애는 데는 시간이 걸렸다. 관공서 등에 내 사진을 걸지 말라고 했다.

― 김대중, 《김대중 자서전 2》

김대중은 '도덕의 눈'으로 자신을 통제하고 정치권력을 경계했다. 그는 누구보다도 현실 정치에 깊숙이 뛰어든 사람이었지만, 동시에 권력을 가장 경계한 인물이었다. 그는 권력자의 눈으로 세상을 보는 것을 경계했다. 그가 마침내 대통령이 되어 권력의 주체가 되었을 때도 눈을 낮추고자 했다. 낮춰진 눈으로 국내 및 국제상황을 바라보았다. 그래야 함께 살아남는 길을 찾을 수 있다고 보았다.

우리는 좀 더 자신감을 가지고 선진국과의 경제적 관계를 상호이익의 기반 위에 발전시켜내야 한다.

— 김대중, 《대중경제론》

김대중은 '국제의 눈'으로 세계를 해석했다. 망명과 외교를 통해 김대중은 국제적 안목을 높였다. 그는 언제나 한반도를 바라볼 때 하늘 높이 뜬 드론으로 조망하는 시선으로 내려다보았다. 그는 미국, 일본, 유럽의 정치 지도자들과의 관계 속에서 대한민국의 좌표를 찾고자 했다. 그리고 "한국형 민주주의는 세계적 모범이 될 수 있다"는 확신을 가졌다. 김대중의 눈은 '종속'의 눈이 아니었다. '상호이익'이었다. '민주(民主)', 곧 국민이 주인이 되는 '주체적 연대'의 눈이었다.

이재명의 눈,

민생의 고통을 꿰뚫는 시선

우리가 눈을 감고 피하면, 그 고통은 결국 가장 약한 사람들에게 돌아간다.
— 이재명, 《그 꿈이 있어 여기까지 왔다》

이재명의 눈은 '투사의 눈'이다. 그러나 그 눈엔 언제나 '간절함'과 '확고한 믿음'이 담겨 있다. 부조리와 불공정을 뚫어보는 눈은 '투사의 눈'이지만 '함께 잘 살기'를 바라는 그 '함께'에는 간절한 믿음이 담겨 있다. 그는 "세상을 바꾸는 것은 말이 아니라, 그 말이 닿아야 할 자들의 눈을 똑바로 마주하는 일"이라고 했다.

이재명은 눈으로 싸우고, 눈으로 설득하고, 눈으로 증명하려 애썼다. 그의 정치에는 늘 '본다는 것'에 대한 각성이 있다. 이는 '현실 직시'라는 말로 집약된다. 김대중이 역사 속의 흐름을 보는 눈이었다면, 이재명은 현실의 모순을 뜨겁게, 간절한 마음으로 직시하는 눈이다.

> **산이 높을수록 바람은 더 세지만 더 높이 올라야 더 멀리 볼 수 있습니다. 5천 년 한반도 역사에서 위기를 만든 것은 언제나 무책임하고 무능한 기득권들이지만 그 위기를 이겨내고 새 길을 열어낸 것은 언제나 깨어 있는 국민들이었습니다.**
> ― 이재명, 《결국 국민이 합니다》

이재명의 정치는 높은 곳에서 바라보는 '역사의 눈'에서 출발했다. 동시에 '깨어 있는' 국민을 바라보고 희망을 갖게 한 '고통의 눈'이었다. 그의 눈은 경기도 성남의 빈민가에서 시작됐다. 형들의 구타, 아버지의 노동 사고, 본인의 장애 경험, 구두를 닦고 화장실 청소를 했던 어머니의 검은 손, 오빠 학비를 벌기 위해 공장에 다니다 병을 얻고 일찍 삶을 마감한 여동생에 이르기까지 이재명의 눈은 고통을 겪는 사람의 눈, 아프고 슬픈 사람의 눈이었다.

성남시 의료원 건립, 청년 배당, 무상 교복, 무상 산후 조리원 등의 정책은 모두 그가 '고통의 눈'으로 본 서민의 삶에서 비롯되었다. '고통의 눈'으로 본 것을 시정 핵심 정책으로 전환했던 것이다.

> **검찰 지휘자의 가치관은 무척 중요하다. 공무원들은 자기 조직의 지휘자가 무엇을 원하는지 빨리 알아챈다. 검찰을 포함한 공무원 관료 조직은 '로보트 태권브이' 같은 존재다.**
> ― 이재명, 《이재명, 대한민국 혁명하라》

이재명의 눈은 '불공정'을 깨부수는 '투사의 눈'이었다. 검사 사칭 사건과 대장동 재판에서 그의 눈은 '불공정'에 대한 강력한 정면 돌파로 작동했다. 그의 정치 인생 대부분은 바로 이 불공정한 기득권의 공세를 직시하는 데서 시작되었다. '검사 사칭 사건'(2002년)은 이재명의 눈에 제도와 권력의 모순이 아로새겨진 상징적 경험이었다. 대장동 사건 역시, 그는 자신을 향한 공격 속에서도 "누가 이익을 가져갔는지를 눈으로 보라"고 항변했다.

> 나는 젊은 친구들에게 해줄 말이 많다. 그래서 여러 강연 중에서도 청년들을 위한 강연 요청이 들어올 때마다 마음이 들뜬다. 특히 중·고등학교에서 강연 요청이 들어오면 한걸음에 달려가곤 한다.
>
> — 이재명, 《함께 가는 길은 외롭지 않습니다》

이재명의 눈은 청소년에 꽂혀 있다. '청년의 눈'으로 바라보면서 그들의 미래를 생각한다. 그는 늘 '젊은 친구들'과 눈을 맞춘다. 그는 수많은 유세장에서 그들과 눈을 맞추고, 댓글에서도 그들과 소통하기를 즐긴다. 2022년 대통령 선거에서 그는 청년, 여성, 소상공인, 장애인 등에게 각각 '눈높이 공약'을 제시하며 마이크로타깃팅 전략을 선보였다.

> 변방 장수였던 이재명이 오늘에 이른 가장 큰 힘은 바로 집단지성 민주주의라는 시대정신과의 싱크로율이 동세대 정치인 누구보다 높았기 때문이라 생각합니다. 이재명은 무엇보다 집단지성을 믿는 사람이고, 집단지성의 시대에 잘 맞는 사람입니다.
>
> — 김민석, 《이재명에 관하여》

이재명은 오랫동안 사법 리스크에 시달렸다. 그러면서도 쫄거나 겁에 질린 얼굴이 아니었다. 그는 늘 낙관적 눈빛을 보여주었다. 국민의 집단지성을 믿었기 때문이다.

> **대선에서 제가 졌다는 건, 국민의 눈에 제가 덜 옳았다는 뜻입니다. 다시 그 눈에 부응하겠습니다.**
> — 이재명, 20대 대선 패배 후 기자회견(2022.03.10)

이재명은 늘 '국민의 눈'에 자신을 비추어 보았다. 그는 2022년 대선 패배 후에도 "국민의 눈에 내가 어떻게 보였는지 성찰하고, 다시 국민의 눈을 얻겠다"고 했다. 그의 눈은 자신을 비추는 거울이기도 했다. 그는 언제나 '국민의 눈'을 의식하며 거기에 자신의 눈을 맞추려고 노력했다. 이재명의 눈은 국민의 눈과 교차하는 '쌍방의 눈'이다. 김대중의 눈도 '쌍방의 눈'이다. 그런 점에서 두 사람은 많이 닮았다.

고난을 마주 보는 눈,

사랑으로 품는 눈

좀 이해하기 힘든 일이지만 1년 반의 독방 생활인데도 별로 고독을 느끼지 않습니다. 책 읽는 데 열중한 덕도 있습니다. 또 홀로 있어도 밖에 있는 가족과 맺은 사랑과 믿음의 유대, 그리고 전국에 있는 많은 벗들과의 공존 신념이 고독을 느끼지 않게 해주는 것으로 믿고 있습니다.

— 김대중, 《옥중서신 1》

김대중이라는 인물을 가장 정확히 묘사한 말이 아닐까 싶다. 그는 고난의 현실 앞에서 방향을 돌리지 않았다. 고문, 투옥, 사형선고, 망명, 탄압, 배신…. 한국 정치사에서 이토록 많은 시련을 겪은 정치인은 드물다. 그러나 그는 한 번도 "왜 나에게 이런 일이 벌어지는가"라고 묻지 않았다. 대신 그는 "이 고난을 어떻게 사랑으로 품을 것인가"를 고민했다. 그 고민이 김대중을 죽음의 문턱에서 건져냈다.

김대중은 세상을 정면으로 '마주 보는' 사람이었다. 그의 눈은 현실을 비껴보지 않는다. 고통을 외면하지 않고, 고난의 한복판에 들어가 그것을 뚫어본다. 그는 언제나 자신에게 주어진 운명을 직시했고, 그 운명을 품고 끌어안았다.

> **바닷속에서 맞이할 최후의 모습이 어른거렸다. 물속에서 쇳덩이를 벗길 수 있을까? 바닷물이니 몇 분이면 모든 것이 끝날 거야. 고통도 사라지겠지. 그러면 내 고단한 삶도 끝이 날 거야. 어떤가. 이 정도 살았으면 된 것 아닌가. 그러자 다른 생각이 떠올랐다. 아니다. 살고 싶다. 살아야 한다. 아직 할 일이 너무 많다. 상어에게 하반신을 뜯어 먹혀도 상반신이라도 살고 싶다.**
> — 김대중, 《김대중 자서전 1》

1973년 8월 8일, 도쿄의 한 호텔. 이곳에서 너무도 잘 알려진 희대의 사건이 벌어졌다. 김대중은 중앙정보부 요원에게 납치되어 눈을 가리고 끌려간다. 배에 실려 수면제 주사를 맞은 채 바닷속에 내던져질 운명 앞에서 그를 구한 것은 미국의 정보였고, 일본의 외교적 개입이었다. 죽음을 코앞에 둔 그는 이미 유서를 머릿속에 쓰고 있었다.

그 사건 이후 그는, 더 이상 죽음을 두려워하지 않았다. 죽음의 고비를 넘기고 다시 눈을 떴을 때, 그의 시선은 더 깊고, 더 부드러워졌다. 그의 눈빛은 형형해졌고 동시에 온기를 품기 시작했다. 생사를 가르는 그 고난은 그를 투사가 아닌 하느님과 사람을 더 사랑하게 되는 정치인으로 만들었다. 고난 앞에서 증오 대신 사랑을 품을 수 있게 되었던 것이다.

김대중은 수많은 사람들에게 배신당했다. 정치적 동지의 배반, 군사정권의 탄압, 사법부의 농간, 선거 부정…. 그러나 그는 복수심으로 정치를 하지 않았다. 그의 눈은 항상 복수의 방향이 아니라 화해의 방향을 향했다. 1980년 사형선고를 받고 끌려 나올 때, 누군가가 물었다.

"가장 미운 사람은 누구입니까?"

그는 웃으며 대답했다.

"내가 살려면 그 사람을 미워하면 안 됩니다."

그는 참았다. 용서했다. 그는 먼 곳을 바라보았다. 그의 눈은 상대의 상처까지 바라보는 눈이었다. 그는 정적을 용서로 품었다. 그는 감옥을 감옥으로 기억하지 않고 내면의 학교로 기억했다. 엄청난 양의 독서가 이때 가능했다.

> **노벨상은 영광인 동시에 무한한 책임의 시작입니다. 저는 역사 속의 위대한 승자들이 가르치고 바라는대로 나머지 인생을 바쳐 한국과 세계의 인권과 평화, 그리고 우리 민족의 화해 협력을 위해 노력할 것을 맹세합니다.**
> ─ 김대중, 노벨평화상 수락 연설(2000.12.10.)

그는 늘 '증오의 정치'가 아닌 '화해와 사랑의 정치', '평화의 정치'를 꿈꾸었다. 김대중의 정치 철학은 단순한 '정책적 배려'가 아니라 사람을 감싸는 '윤리적 태도'에서 잉태되었다. 그는 애증이 겹친 김영삼과도 결국 화해했고, 5·18을 감행한 전두환 군사정권과도 대화하고 용서했다. 그는 분노를 표출하지 않았고, 복수로 되갚지 않았다. 그는 '사랑한다'고 말했다. 그 말을 하기 위해 그는 자신의 내면을 갈고 닦았다.

대통령의 눈으로 본 국민,

국민의 눈으로 본 대통령

20세기 전쟁의 주된 원인은 크게 두 가지였습니다. 하나는 '민족주의의 대결'이고, 다른 하나는 '이데올로기의 대결'입니다.

— 김대중, '노벨평화상 100주년 기념 심포지엄' 연설(2001.12.06.)

김대중은 세계를, 역사를, 사람을 '보는' 대통령이었다. 그러면서 정치인으로서는 매우 드물게 항상 '사랑'을 바라보는 정치 지도자였다. 동시대를 살아가는 사람들과 함께 '살고 있다'는 사실에 감사했다. 그가 노벨평화상을 수상했을 때, 한 기자가 물었다.

"당신이 얻은 가장 큰 상은 무엇입니까?"

그는 대답했다.

"살아남았다는 사실입니다. 그리고 살아 있는 동안, 사랑할 수 있었다는 것."

김대중은 '사랑의 정치인'이었다. 그는 고난을 통해 사랑의 깊은 눈을 떴다. 그의 눈은 단지 세상을 분석하는 눈이 아니라, 상처받은 사람을 안아주는 사랑의 눈이었다. 죽음을 넘은 눈, 분노를 이긴 눈, 그리고 결국 '사람을 사랑하는 눈'. 그 눈을 우리는 '한국 민주주의의 양심'이라 불러도 좋다.

> **나의 어린 시절은 참혹했다. 다른 아이들이 중·고등학교에 다닐 때 나는 내내 소년공이었다. 그래서 교복을 입어보지 못했다. 나와 우리 가족은 시장에서 버린 썩은 과일로 배를 채우며 살았다.**
>
> — 이재명, 《결국 국민이 합니다》

'진짜 대한민국'을 외친 이재명도 같은 길을 걸었다. 김대중이 죽음을 넘는 고난 속에서 연민과 사랑의 눈을 키워냈다면, 이재명은 '지금 살아 있다'는 생존 그 자체가 기적이었고, 감사함이었고, 정치의 출발점이었다. 어릴 적 팔을 다친 공장에서, 장학금을 포기하고 형들을 피해 도망치던 골목에서, 그리고 모든 언론이 등을 돌린 선거에서, 심지어 칼로 목을 찔리는 테러에서도 살아남았다. 그는 무너지지 않았고 불사조처럼 일어났다.

그는 고난을 벗어나려 하지 않았다. 그는 고난을 직시했다. 그리고 고난의 뿌리와 연결된 사람들을 향해 손을 내밀었다. 그의 눈은 처음엔 싸우는 '투사의 눈'이었지만, 차츰 간절함으로 감싸는 '사랑의 눈'으로 익어갔다.

> **지금도 누군가는 세상을 포기하고 떠나고 있습니다. 그런 사람들에게 기회를 주고 싶습니다. 희망을 만들어주고 싶습니다.**
> — 이재명, 20대 대통령 유세 (2022.01.24.)

김대중은 시대의 고난을 통과하며 '민주주의'를 이뤄냈다. 이재명도 시대와 개인의 고난을 관통하며 'K-민주주의'를 일궈냈다. 이재명은 '불공정의 구조'를 타파했다. 이재명에게 가난은 단지 돈의 문제가 아니라 결핍의 문제였다. 기회의 결핍, 연대의 결핍, 존중받을 권리의 결핍. 그는 거기서 도전과 희망의 K-민주주의를 시작했다.

그 연장선에서 청년 기본소득, 무상 산후조리원, 전국민 재난지원금 같은 이재명의 '기본 사회 정책'이 나왔다. 이재명은 전선에서 싸우듯 정책을 밀어붙였지만, 그 눈엔 늘 고통을 가진 사람을 도우려는 간절함이 있었다.

국민 여러분께서 저를 살려주셨습니다. 여러분께서 살려주신 목숨이니 앞으로 남은 생은 오로지 국민들을 위해서만 살겠습니다.
― 이재명, 부산 테러 후 병원에서 퇴원하면서(2024.01.10.)

이재명은 적이 많았다. 그는 '거친 말'을 한다는 이유로, 대선 패배 후엔 패배자 낙인으로, 그 후엔 '사법 리스크'로 끊임없이 공격받았다. 하지만 그는 외면하거나 숨어들지 않았다. 그는 "모든 고난은 나를 향한 국민의 시험"으로 받아들였다.

그의 눈은 점점 더 부드러워졌다. 초기의 투사적 눈빛은, 고난 속에서 '감싸는 눈'으로 옮겨갔다. 비판을 받아내고, 질책을 품는 정치로 진화했다.

우리는 혐오의 시대를 살고 있습니다. 하지만 혐오를 이기는 건, 더 많은 정의가 아니라, 더 많은 사랑입니다.

— 이재명, 20대 대선 마지막 유세(2022.03.09.)

정치인의 눈은, 결국 '사람을 어떻게 보느냐'의 문제로 연결된다. 이재명의 눈은 사회구조를 바꾸고, '사람을 살리는 눈'으로 변화하고 있다. 그는 '새로운 대한민국'을 위한 설계자였고, 그 설계는 통합, 국민주권, 평화공존을 향한 '연대하는 시선'으로 옮겨졌다. 실질적인 행정에서도 공공개발 이익 환수, 아동수당 지급, 취약계층 주거복지를 설계하여 실천했다. '사람을 살리는'이 제도화된 형태로 사회 경제 구조가 바뀌기를 바란 것이다.

김대중과 이재명. 두 사람은 서로 다른 형태의 고난을 겪었다. 김대중은 시대의 박해를 받았고, 이재명은 체제 내부의 공격을 견뎌야 했다. 그러나 그 둘의 눈에는 공통점이 있다. 고난을 외면하지 않았다는 점, 그리고 고난을 '타인을 위한 사랑'으로 바꿨다는 점이다.

> 민주화는 암살과 같은 방식으로 이뤄질 수가 없어요. 나를 죽이려고 했던 사람의 따님이 아버지 사후에 나를 찾아와서 대신 사과한 것이 감동적이었어요. 영원한 원수라는 것은 없다는 생각도 들었습니다.
> ― 김대중, 《김대중 육성 회고록》

> 저를 미워하는 국민도 국민입니다. 저는 그분들을 위해 일합니다.
> ― 이재명, 더불어민주당 당대표 선출 직후 인터뷰(2022.08.28.)

예수나 부처까지는 모르겠으나 간디나 만델라를 넘어서는 엄청난 정치 철학이다. 두 사람 모두, '미움마저 껴안는 사랑의 정치 지도자'라 부를 만하다. 대한민국은 지금도 고난 중에 있다. 마치 두 국가로 갈라진 것 같은 동서 분열, 사회적 갈등, 청년의 절망, 노인의 고독. 이럴 때 필요한 것은 고난을 피하지 않는 눈과 사랑으로 감싸는 지도자다. 김대중은 그것을 실천했고, 이재명은 지금 더 세련되고 진화된 방식으로 실천을 이어가고 있다.

반걸음 앞에서 시작된 민주주의

> 지도자는 국민보다 반걸음 앞서가야 합니다. 국민의 손을 잡고 반걸음만 앞서 나가십시오.
> — 김대중, 《김대중 자서전 2》

> 한 걸음만 뒤처져도 추락 위험을 안은 추격자 신세지만, 반걸음만 앞서도 무한한 기회를 누리는 선도자가 됩니다.
> — 이재명, 더불어민주당 대통령 후보 수락 연설(2025.04.27.)

민주주의는 오로지 투표함에서만 시작되는 것이 아니다. 그보다 먼저, 국민 중 한 사람이 무엇을 '보았는가'에서 출발한다. 한 사람이 본 것을 두 사람, 세 사람에게 설명하고, 협상과 타협을 통해 집단지성의 다수결에 도달할 때 비로소 민주주의는 작동한다.

민주주의는 '선견(先見)'에서 자라난다. 그 선견은 아무래도 지도자의 눈에서 비롯되고, 그 실천은 '반걸음 앞에서'라는 두 사람의 공통된 레토릭에서 시작된다. '반걸음 앞에서' 세상을 바라보고 국민을 이끌 수 있는 자리에 올라섰다는 사실에 두 사람은 감격하고 감사해했다.

이 정부는 국민의 힘에 의해 이루어진 참된 '국민의 정부'입니다. 모든 영광과 축복을 국민 여러분께 드리면서, 제 몸과 마음을 다 바쳐 봉사할 것을 굳게 다짐하는 바입니다.
— 김대중, 15대 대통령 취임사(1998.02.25.)

김대중은 늘 눈에 띄지 않는 사람들을 먼저 살폈다. 지방 농민, 도시 빈민, 청년 노동자, 그리고 북녘의 민중들. 그가 본 것은 권력의 시선이 잘 닿지 않던 사람들의 얼굴들이었다. 그 얼굴들을 자신의 시야에 늘 잡아둠으로써 한국 민주주의의 지평을 확장했다.

김대중이 본 민주주의는 권력의 기술이 아니라 보는

방식이었다. 그는 정치란 "얼마나 많은 사람을 눈 속에 담느냐의 문제"라고 했다. 사람들의 아픈 상처와 환부를 보았으면 '손'을 대어 고쳐줘야 한다. '눈'과 '손'은 하나다.

> **저는 정치를 왜 하는가를 가끔씩 생각합니다. 제가 정치를 하는 이유는 제가 탈출해 버렸던 그 웅덩이 속에서 지금도 여전히 좌절하고 고통받고 절망하는 사람들에게 공정한 세상을 만들어주기 위해서입니다.**
>
> ─ 이재명, 《결국 국민이 합니다》

이재명은 김대중보다 훨씬 실체적이고 실용적인 눈을 가졌다. 그는 원리와 구조 속의 불합리를 먼저 보았고, 제도보다 결핍을 먼저 감지했다. 이재명에게 민주주의는 법률 이전에 불평등에 대한 감각이었다. 그의 정치는 바로 거기에서 출발했다. 소외계층을 향한 복지 정책, 불로소득 환수를 위한 개발 제도 개혁, 노동자의 근무시간 단축, 공공의료 확대, 25만 원 지역화폐 공급 등은 그가 무엇을 보고 정치를 하고 있는지를 보여주는 지표였다.

> 이재명 대표에게서 가장 오래 기억될 말은 무엇일까요?
> 정치란 정치인이 하는 것 같아도 실은 국민이 하는 것이란
> 말이 아닐까 합니다.
>
> — 김민석, 《이재명에 관하여》

특히 2025년 6월 대선 기간 중에도 그는 "국민이 국가의 진짜 주인"이라는 말을 수없이 반복했다. 그에게 민주주의란 투표 결과가 아니라, 국민의 삶에서 '국가가 눈을 떴는가'를 판단하는 기준이었다. 민주주의는 '보는 방식'의 싸움이다. 김대중, 이재명, 두 사람이 보는 한국 민주주의는 방향은 비슷했고, 출발점은 더 비슷했다. 그것은 '눈'이었다.

김대중은 "국민을 보는 눈이 사라지면, 그 정치는 이미 죽은 것"이라 했고, 이재명은 "국민과 눈이 마주치지 않는 정치인은 진실을 모른다"고 했다. 두 사람은 모두 "민주주의란, 권력자의 말이 아니라 눈의 방향에서 시작된다"고 말한다.

지도자의 눈이 달라지면, 국가의 정의가 달라진다. 김대중의 시선은 남북 관계의 지형을 바꾸었고, 이재명의 시선은 '싸울 필요가 없는' 남북 관계를 토대로 성장과 분배, 복지의 지평을 확장하고 있다.

김대중은 '햇볕'이라는 언어로 북한을 보는 눈을 바꾸었고, 이재명은 '기본소득'이라는 개념으로 빈곤을 보는 눈을 재정의했다. 민주주의는 제도가 아니라 생활이고, 그것은 '지도자의 눈'을 통해 사회로 번지며 진화한다.

오늘날 우리는 비슷한 질문을 반복해야 한다.
 "우리는 지금 누구의 눈으로 세상을 보고 있는가?"
 김대중은 불가능해 보이는 시대에 미래를 보았다. 이재명은 분열과 혐오 속에서도 '진짜 대한민국'을 보려 했다. 그들의 눈은 다르지만, 공통의 사명이 있다. 국민보다 반걸음 앞서가면서 세상을 보고 다시 더 큰 희망을 볼 수 있도록 돕는 사명이다.

2장

말,

시대를 돌파한 언어

김대중의 말,

인내와 설득의 기술

사람은 자기 힘으로 어쩔 수 없는 난관이나 불운에 부딪힐 수가 있다. 그럴 때는 결코 당황하거나 서두르지 말고 시련의 태풍이 지나가기를 기다려야 한다. 다만 다시 때가 왔을 때를 위하여 노력과 준비를 게을리해서는 안 된다.

— 김대중, 《옥중서신 1》

말은 지도자의 무기다. 칼이다. 그러나 양날의 칼이다. 잘 가다가도 단 한마디의 말에 추락하기도 한다. 그런 점에서 김대중은 '무서운' 사람이다. 그는 그 오랜 정치 생활 중에 말 때문에 '설화(舌禍)'를 입은 적이 없다. 그는 철저히 '준비된 말'을 즐겨 썼다. 준비된 말을 하기 위해 끊임없이 사색하고, 책을 읽고, 명상을 했다. 그 모든 과정의 핵심은 그의 '초인적인 인내력'이었다. 사유도, 독서도, 명상도, '인내'를 요구한다.

　김대중의 말에는 '힘'이 있었다. 자신의 심경을 솔직하게 드러내는 '진심의 말'이었고, 주어진 삶의 상황을 받아들이고 준비하게 만드는 '지혜의 말'이었다. 그는 수없이 발언하고, 때로 저항하며, 말로 감옥을 넘었고, 말로 세상을 설득했다. 그의 말은 구호가 아니었다. 그것은 철저히 준비되고 정제되고 미리 설계된 것이었고, 그래야 국민 다수를 설득할 수 있다고 믿었다. 인내와 설득의 기술이 김대중의 말 속에 깊이 배어 있음을 나는 수없이 경험했다. 그래서 김대중은 긴 호흡의 정치를 평생 이어갈 수 있었다고 생각한다.

　김대중에게 말은 생존의 도구였다. 그의 말은 정치적 무기이기도 했지만 그 이전에 생존의 기술이었다. 1971년 대선 패배 이후 그는 줄곧 감시받고 위협받는 정치인이었다. 납치, 사형선고, 투옥…. 그러나 그는 권력 앞에 굴복하지 않았다. 그는 끊임없이 말하고 외쳤다. 하지만 단순한 외침이 아닌 존재의 증명이었다. 고문과 협박 속에서도 그는 말을 했고 글을 썼다. 그의 말은 '살아 있다'는 증거이자 '살아 있겠다'는 다짐이었다.

> **왜 민주주의를 하면 승리하고 그렇지 않으면 좌절을 했는가. 거기에는 몇 가지 이유가 있다. 무엇보다도 민주정치를 하면 국민들의 의사가 언제든지 자유롭게 정부에 전달된다. 민주주의를 하지 않을 때 관료제도의 폐단은 극에 달한다.**
> — 김대중, 《월간중앙》 특별 기고문(1994.01.)

김대중에게 말은 시대를 해석하는 도구였다. 그의 말은 정치적 주장에 그치지 않았다. 그의 말은 시대를 해석하고, 방향을 제시하는 사상의 증표였다. 그의 말은 '민주화'라는 거대 담론에 논리와 의미를 부여했다. '정의', '양심', '인권', '화해' 같은 단어를 그는 시대적 환경과 조건 속에서 재정의했다. 김대중의 말은 시대를 해석하는 '언어 사전'이었고, 그 사전을 통해 국민은 스스로 자신의 위치와 권리를 자각하고 행동했다. 김대중은 말을 하면서도 행여라도 상대방에 상처를 주지는 않을까 늘 염려했다.

무엇이 되느냐보다는 어떻게 사느냐 하는 생각을 가지고 바르게 사는 사람만이 역사 속에 올바르게 평가를 받습니다.

— 김대중, 《김대중·나의 길 나의 사상》

김대중에게 말은 참는 법을 가르치는 교사였다. 그는 열정적이고 격렬한 사람이었다. 그러나 그의 말은 언제나 절제되어 있었다. 격분할 만한 자리에서도 그는 침착했고, 자극적인 표현보다 유머 섞인 화법과 비유로 말했다. 그는 "참는 자가 이긴다"고 믿었다. 격한 말로 남에게 상처를 주는 것을 몹시 싫어했다.

그는 평생 몸에 밴 인내심을 통해 '말의 감정'을 다스리는 기술을 터득했다. 청문회, 국회연설, 인터뷰에서 그의 말은 인내의 표본이었고, 그것은 상대의 마음을 무너뜨리는 부드러운 힘이 되었다.

인류의 역사는 자유를 지향하며 발전하고 있습니다. 자유라는 것은 공기와 같아서 그 안에서 살 때는 그 가치를 이해하기 어렵습니다.

— 김대중, '필라델피아 리버티 메달' 수상 연설(1999.07.04.)

김대중에게 말은 공감과 연대를 이끌어내는 무기이기도 했다. 그의 말은 결국 사람을 묶는 힘이었다. 김영삼과의 야권 통합 실패, 5공 청문회에서 보여준 가해자들의 침묵에 대해서도 그는 포용의 언어를 구사했다. 그는 항상 "우리는 함께 살아야 한다"는 말을 자주 했다. 그의 말은 감정을 넘고, 정책을 넘고, 안전하고 평화로운 공동체를 설계하는 언어였다. 김대중의 정치가 재평가받는 이유는 단지 업적 때문만이 아니었다. 그의 말이 보통의 수준을 넘었고, 사람의 마음을 하나로 묶어내는 위력을 발휘했기 때문이다.

국민 여러분, 저는 국민의 힘으로 대통령이 되었습니다. 이제는 국민이 대통령입니다.
— 김대중, 15대 대통령 취임사(1998.02.25.)

이 말은 권력의 주체를 뒤집는 선언이었고, 그 말 한마디가 당시 IMF로 무너진 국민의 자존심을 일으켜 세웠다. 그에게 말은 '국민 앞의 서약'이었고, 그의 정치는 그 서약을 이뤄가는 과정이었다. 김대중에게 말은 국민과의 서약이자 계약이었다. 그는 말을 쉽게 하지 않았다. 그는 "지도자의 말은 국정의 나침반이 되어야 한다"고 했다. 그래서 그의 연설문, 기자회견, 담화문은 늘 정제되어 있었다. 그의 대통령 취임사는 지금까지도 '가장 구조적이고 단정한 말'로 평가받는다.

> 나는 일생 동안 끊임없이 공부했다. 숱한 시련과 실패 속에서도 내일을 준비했다. 두려워 울면서도 미래를 설계했다.
> — 김대중, 《김대중 자서전 1》

김대중의 말은 허상이 아니었다. 그에게 말은 싸움이 아니라 '설득의 기술'이었다. 자신이 살아온 그대로를 진솔하게 표현하는 말이었기 때문에 가능한 기술이었다. 그것은 시대의 모순을 관통하고, 갈등을 가로질러 연대를 만드는 통합과 화해의 기술이었다. 인내의 연단에서 비롯된 정치와 역사의 설계도였다. 그는 '말을 잘하는 사람'이 아니라, 한번 뱉은 말을 곱씹고 곱씹어 끝까지 실천하고자 애쓴 '말의 실천'의 사람이었다. 그는 한마디 말을 천근보다 무겁게 여겼다.

이재명의 말,

진심과 위기 극복의 힘

"이재명의 숙명은 위기 극복인 것 같다." 지난 2022년 대선 당시 제가 했던 말입니다. 숙명처럼 위기를 극복하고, 취임사에서 국민이 감내해야 할 고난을 언급하며 목메었던 김대중처럼, 자신이 겪어온 모든 개인사의 어려움을 국가 위기 극복의 내공으로 전환시켜 뜨거운 눈물로 나라를 살릴 각오를 하는 이재명을 보고 싶습니다.

― 김민석, 《이재명에 관하여》

이재명의 언어는 우회하지 않는다. 모호한 말, 수사적 언어, 형식적 정치문법을 과감히 걷어낸다. 그의 말은 직진

한다. 그리고 돌파한다. 그는 단호한 어휘, 간결한 구조, 감정을 뒤흔드는 화법을 통해 '어떤 말이 사람을 움직이는가'를 본능적으로 터득한 정치인이다.

이재명에게 말은 무기이자 방패였다. 그의 말은 정치 초년부터 '위기 돌파의 무기'였다. 검사 사칭 사건(2002년), 친형 강제입원 논란 등 수많은 공세 속에서 그는 입을 다물지 않았다. 정면 돌파하는 발언으로 오히려 여론을 반전시켰다. 그는 회피보다 돌파를 선택했고, 그 돌파는 오로지 '진심'이 담긴 생생한 말로써 가능했다. 그는 거짓말을 체질적으로 싫어했다. 거짓이 아닌 진심, 진실을 위해서라면 그 어떤 욕을 먹어도 감내하겠다는 태도였다.

단결된 국민 앞에 반민주적 폭거는 힘을 잃었고 대한민국은 다시 앞으로 나아갈 수 있게 되었습니다.
— 이재명, 탄핵안 가결 후 국회 기자회견(2024.12.15.)

이재명은 이따금 말로 '전장(戰場)'을 만든 정치인이다. 성남 시장 시절, 국정감사장에서 한 국회의원이 "왜 웃고 있느냐"는 말에 "답변할 시간을 주어야 하지 않느냐"고 항변했고, "왜 실실거리고 있느냐"는 공격에도 정색하며 "실실

거리지 않았다"고 대꾸했다. 이재명의 말에는 직설의 미학이 있다. 돌려 말하거나 생략하지 않는다. 날카롭고 예리한 말로 정곡을 찌른다.

불공정을 '불공정'이라 말하고, 부당함을 '도둑질'이라 부른다. '언론 개혁'과 관련해서도 "가짜 뉴스를 퍼뜨리는 언론은 망하게 해야 한다"고 직설적으로 말해 사람들을 깜짝 놀라게 했다. 그는 에둘러 말하는 정치에 피로감을 느끼는 국민의 정서를 콕 쏘는 사이다처럼 속시원하게 말한다. 때문에 때로 당사자들의 반발을 부르기도 하지만, 동시에 대다수 국민의 강한 신뢰를 얻는다. '정치인은 거짓말쟁이'라는 불신 속에서, 이재명의 말은 '꿋꿋한 정직함'으로 받아들여졌다.

> 맡겼으니까 잘하겠지, 못해도 할 수 없다, 견디자, 이래서는 안 되는 것이지요. 주인은 주인의 역할을, 머슴은 머슴의 역할을 잘해야 합니다.
> ― 이재명, 소상공인 간담회(2024.11.21.)

이재명은 자신의 솔직한 생각을 말로 표현하고, 그것을 실천으로 입증하는 능력의 소유자다. 그의 말은 항상 살아 있다. 싱싱하다. 기술적인 완급보다 감정적 진심이 전면에 서 있다. 그는 말로 분노하고, 말로 위로하며, 말로 눈물을 유도한다. 그의 발언은 누군가에게는 몹시 '불편'하지만, 동시에 훨씬 더 많은 이들에게는 '속 시원함'으로 다가온다.

이재명은 정치의 정서와 감정을 그만의 언어로 환원해 대중의 마음을 움직이는 탁월한 감각을 가졌다. 그래서 그의 발언은 때로 레거시 언론보다 더 큰 힘을 발휘하곤 한다. 신문 방송보다 더 빠르게 사람들 사이에 공유된다. 그것은 정치적 언어라기보다 '정서적 대화'에 가깝다. 이재명에게 말은 상황을 정면에서 바라보며 돌파하고 위기를 기회로 바꾸는 도구다. 그의 말 속에는 그가 겪은 고난의 서사가 담겨 있고, 그 개인 서사 속에는 그의 삶의 방식, 그의 정치 철학이 녹아 있다.

정말 정치권력만 제대로 작동하면, 우리는 세계를 향해 뻗어나갈 것입니다. 너무도 아쉽습니다.
— 이재명, 부산 서면 유세(2024.04.03.)

2022년, 2025년 대선에서 그는 집요한 공세를 받았다. 부동산 정책 실패, 조국 사태 여파, 가족 문제, 대장동 사건,

대북 송금 사건까지…. 하지만 그는 뒤로 물러서거나 도망치지 않았다. 그는 "실패의 경험으로 더 큰 것을 책임지겠다"는 뜻의 말로 국면을 반전시키는 정치적 묘수를 보여주었다. 이 말은 단순한 수사적 발언이 아니라, 진실된 고백과 책임의 프레임을 재정의한 선언이었다. 그의 말은 방어를 넘어 주도권을 되찾는 돌파의 기술이었다.

성공한 계엄은 반드시 독재로 이어진다. 독재를 하기 위해 불법계엄을 밀어붙인 것 아닌가.
— 이재명, 비상계엄 해제 요구 결의안 가결 직후 기자회견(2024.12.04.)

이재명은 디지털 시대에 최적화된 언어 감각을 갖고 있다. 그는 SNS를 통해 핵심 메시지를 압축하고, 현장에서는 동영상 한 컷에 담을 기막힌 멘트를 날린다. 사람들의 기억에 선명히 남는다. 2024년 12월 3일, 비상계엄이 터졌을 때 바로 유튜브 생방송을 하며 "국회로 와 달라"고 한 짧고 절박한 멘트는 한국 현대사의 물줄기를 바꾼 역사적 어록으로 남게 될 것이다.

이재명은 긴 토론에도 능란하지만 그보다는 짧은 돌파구의 말을 더 잘 사용하고 즐긴다. 이는 현대 정치에 꼭 필요한 기술이다. '언어의 최적화'의 표본이다. 이재명의 말은 자주 시험대에 오르곤 했다. 말로 싸우고, 말로 감동시키며, 말로 자신을 증명해왔다. 이재명의 말은 정치가 감추는 것을 폭로하고, 정치가 못하는 진실을 드러냈다.

상식의 언어 vs. 전복의 언어

사형수와 대통령, 그것은 내 삶의 상징이다. 사형수가 대통령이 된 것은 하나의 기적이었다. 그 기적은 나의 것이기도 하지만 국민이 일궈낸 현대사의 기적일 것이다.
— 김대중, 《김대중 자서전 1》

김대중의 언어는 품격과 질서, 상식에 기반했다. 그는 국민이 이해할 수 있는 말, 국민이 따라올 수 있는 말, 국민이 반복해 말할 수 있는 문장을 말했다. 그의 말은 사유의 구조를 갖춘 품격 있는 말이었다.

김대중이 구사한 이러한 언어는 국민의 상식을 다시

일으켜 세운다. 그는 언어로 상처를 입거나 충돌을 유도하지 않았다. 그는 말로 설득하고, 사람을 이끌었다. 그의 말이 효과적이었던 이유가 몇 가지 있다.

> 첫째, 구조적 명료성이다. 서론-본론-결론의 고전적 구성에 능숙하다.
> 둘째, 윤리적 감화력이다. 말에 앞서 인격이 따라야 한다는 신념을 갖고 있다.
> 셋째, 교양과 상식의 전달력이다. 저질의 정치 언어를 쓰지 않음으로써 국민들의 언어 수준을 격상시켰다.

기득권은 법을 가지고 국민을 두들겨 팹니다. 저는 법을 가지고 기득권을 두들겨 부수겠습니다.
— 이재명, 민주당 예비경선 토론(2021.09.10.)

이재명의 언어는 본질적으로 '전복(顚覆)'의 언어다. 뒤집어엎고, 두들겨 부수는 말이라는 뜻이다. 그는 기존의 질서와 사회 구조가 식민, 독재, 부패 세력을 주축으로 한 일부 기득권층이 만든 것으로 인식한다. 따라서 그의 말은 뒤엎고, 깨부수고, 흔드는 말이다.

이재명은 요리조리 굴리는 매끄러운 발언보다 핵심을 찌르는 발언을 선호한다. 정치의 중심에 놓인 불투명한 언어의 판 자체를 뒤집으려는 듯한 발언을 즐겨 사용한다. 이재명의 전복 언어에는 몇 가지 특징이 있다.

첫째, 도발적 비유를 즐겨 쓴다. '도둑들', '삥 뜯는 구조', '이익 카르텔' 등이 예다.
둘째, 구어체 언어를 즐겨 쓴다. 대통령 취임 후 국무회의를 시작하면서 "어색하죠? 웃으며 합시다"가 그 예다.
셋째, 속도를 즐긴다. 대중이 SNS에서 바로 읽을 수 있는 빠른 속도로 번지고 퍼진다.

김대중의 말은 체제를 세우고, 이재명의 말은 체제를 흔든다. 하지만 이 둘은 서로 배척되지 않는다. 김대중의 '상식 언어'는 시대의 균형을 잡아주었고, 이재명의 '전복 언어'는 그 균형 속의 신뢰를 안겨주었다. 그 같은 언어로 김대중이 민주주의를 회복시켰다면, 이재명은 K-민주주의의 실질적 구조화를 일궈냈다.

> 나는 인생을 단거리로 보지 않습니다. 내 생애 전체를 통하여 어떻게 살았느냐 하는 장기적 결산이 중요하다 생각합니다.
>
> ─ 김대중, 《김대중·나의 길 나의 사상》

김대중의 말은 국민 다수의 동의를 모으는 기술이었다. 이재명의 말은 같은 기술 위에 불만을 결집하고 방향을 제시하는 기술이 더해졌다. 두 사람 다 결국은 민주주의를 진화시키는 말의 선구자였다 할 수 있다. 김대중은 '기본형 상식'으로 대타협을 이뤘고, 이재명은 '돌파형 상식'으로 구조개혁을 추구하고 있다.

한 사람은 공존의 언어, 다른 한 사람은 돌파의 언어로 민주주의를 전진시켰다. 한마디로, 김대중의 말이 '시대를 설득'한 언어였다면, 이재명의 말은 '시대를 흔드는' 언어다. 놀랍게도 그 둘이 만나는 지점은 하나다. 국민을 향한 진심이다. 표현은 다르지만, 뜻과 방향은 같다.

말은 시대의 통로다

나는 그(박정희)가 나에 대해서 매우 좋지 않은 감정과 생각을 가지고 있다는 것을 알고 있다. 그가 원하면 나는 어떠한 비난의 말도 참고 들을 것이고 어떠한 도발적인 질문에도 기꺼이 대답하겠다. 나의 유일한 요구는 그도 내가 그에 대해서 하고 싶은 말을 전부 들어달라는 것이다.

— 김대중,《대중경제론》

김대중, 이재명 두 사람의 언어는 시대를 여는 말, 시대를 이끄는 말이었다. 최선을 다해 살아온 사람의 생생한 증언이었다. 김대중의 말은 군사독재로 봉인된 시대를 민주화

시대로 여는 열쇠였고, 이재명의 말은 그렇게 열린 시대의 구조를 깨는 망치였다. 두 사람의 언어는 각각 다른 시대, 다른 방식으로 세상을 변화시키는 힘이요 통로였다.

    김대중은 폭압과 검열의 시대에 말로 민주주의의 문을 열었고, 이재명은 정보 과잉과 신뢰의 붕괴 시대에 말로 진실의 방향을 잡았다. 김대중의 말은 구시대와 새 시대를 연결하는 다리였다. 그의 언어는 단절된 시대와 시대 사이에 다리를 놓았다. 유신과 광주, 군사정권과 문민정권, 분단과 평화를 잇는 다리였다. 그의 말은 '시대 간의 해석자'였고 '미래의 건축가'였다.

우리는 용서할 수 있어도 잊을 수는 없습니다. 그러나 우리는 다시 함께 살아야 합니다.
― 김대중, 5·18 20주년 추모식 연설(2000.05.18.)

사형수가 대통령이 되어 처음으로 방문했던 5·18 추모식 연설문을 작성할 때의 기억이 아직도 새롭다. 홀로코스트를 겪은 유태인들이 '용서하되 잊지는 말자'는 슬로건으로 이스라엘 역사를 새로 썼듯이, 이 슬로건 만큼 김대중의 삶과 용서의 정치 철학을 잘 대변하는 말이 없다고 당시 연설비서관이었던 나는 생각했다. 그래서 이 문구를 연설문 초안에 올렸다. 묵묵히 읽던 그가 대견하다는 듯 흐뭇한 표정으로 보내준 미소를 잊을 수가 없다.

김대중의 언어는 증오를 넘는 말, 복수를 감싸는 말이었다. 역사를 전환하는 말로 한국 민주주의의 시간표를 다시 짰다. "사랑하고 존경하는 국민 여러분"으로 시작해 "국민이 대통령입니다"로 끝낸 대통령 취임사는 한 시대의 권력 질서를 완전히 새로 쓰는 선언문이었다.

> **이제 한국의 민주화는 이루어졌습니다. 이제 남은 과제는 한반도의 통일입니다.**
> — 김대중, 독일 베를린대학 '베를린 선언'(2009.03.09.)

김대중의 말은 분단된 한반도 광야에서 통일의 지팡이를 든 선지자의 것이었고, 이재명의 말은 횃불을 든 봉기자의 것이었다.

지금 벌써 2시 30분이 넘었다. 엄마, 아버지, 형, 형, 동생, 동생의 숨소리가 들린다. 잠에 깊이 빠진 모습들. 이렇게 한 방에서 고생하며 살지만 정만 있으면 되는 것 아닌가? 우리

> **가정에도 영원한 행복이 오기를….**
> — 이재명, 자필 일기(1982.03.03.)

이재명은 돌파의 언어로 현실의 고통을 꿰뚫었다. 그는 시대와 시대를 잇는 다리 역할에 충실하면서도 현실과 진실 사이의 간극을 메우는 말을 선택했다. 그는 불공정, 부패, 양극화의 현실 앞에서 심오한 언어, 포장된 언어를 버리고 알아듣기 쉬운 진실의 말로 돌파했다. 거칠 게 없었고 거침이 없었다. 모 아니면 도였다.

이재명의 말은 타협이 아니었다. 살아오면서 수없이 반복해서 겪는 현실에 찔린 말, 구체적 현장에서 듣고 체화된 대중의 말, 그 속에 잠재된 서민의 분노를 이해하고 대변하는 말이었다. 그 말이 시대의 위선을 깨고, 정치에 대한 기대와 희망을 안겨주었다. 그는 국민을 대신해서 말하고 국민을 위해서 싸웠다.

> **저들이 흘리는 눈물과 사과에는 유효기간이 있습니다. 딱 선거날까지입니다. 그런 가짜 눈물, 악어의 눈물에 속지 맙시다.**
> — 이재명, 서울 용산역 광장 유세(2024.04.09.)

이재명은 가짜 정치의 본질을 간파했다. 그러고는 거침없는 말로 그 현실의 벽을 부쉈다. 그의 언어는 한편으로 선동이면서 또 한편으로 각성의 언어였다. 김대중이 '말로 앞을 보게 한 사람'이었다면, 이재명은 '말로 지금을 깨부순 사람'이다. 김대중의 말은 역사적 시점을 견인했고, 이재명의 말은 감정적 리듬을 연결했다. 한 사람은 시간의 교사였고, 한 사람은 정서의 해방자였다. 김대중은 무게감으로, 이재명은 속도감으로, 시대를 통과했다.

    말이 멈추면 민주주의는 멈춘다. 민주주의는 말 위에 서 있다. 정치적 말이 수준 이하이거나 궤변이거나 거짓이면 당사자는 물론 그 나라도 망한다. 수준과 품격을 갖추지 못한 사람에게 권력이 독점되고, 진실이 담긴 말이 끊기면 아연실색한 국민은 침묵에 갇히고 불행해진다. 그런 점에서 김대중, 이재명의 존재는 하나의 축복이다. 기록된 그들의 말은 하나의 역사다.

3장

글,

기록된 사상과 철학

지도자의 자서전, 회고록

말은 흐르고, 글은 남는다

어떤 위인의 삶과도 나의 일생을 바꿀 생각이 없다.

— 김대중, 《김대중 자서전 1》

나는 마지막까지 역사와 국민을 믿었다.

— 김대중, 《김대중 자서전 2》

《김대중 자서전》은 단순한 고백이 아니다. 그것은 한 정치인의 사상지도(思想地圖)이자 한 시대의 민주주의 교과서다. 민주주의자의 생애를 통째로 기록한 역사적 자술서다.

이 책은 6·25 전쟁, 4·19와 5·16, 유신독재, 광주항쟁,

대통령 당선과 노벨평화상 수상까지 한국 현대사를 관통하며 통렬하게 살아온 정치가의 눈으로 재구성한 역사서다. 그는 자서전에서 단 한 번도 피해자 프레임에 자신을 가두지 않는다. 오히려 수많은 실패와 배신, 좌절 속에서도 "왜 민주주의여야 했는가"를 온몸으로 설득하고 호소했다.

> 사회운동과 정치는 역할과 관점에 있어서 차이점이 있다. 사회운동이 원칙과 당위성을 중시한다면 정치는 그것과 함께 현실적인 면도 중시해야 한다. 나는 서생적 문제의식과 상인적 현실감각의 조화를 항상 강조했다.
> — 김대중, 《김대중 육성 회고록》

> 국민들은 다양하다. 유식한 사람도 있지만 잘 모르는 사람도 있고, 관념을 중시하는 사람이 있는 반면 이해관계를 중시하는 사람도 있다.
> — 김대중, 《김대중 육성 회고록》

김대중은 '기록이 곧 정치'라는 신념을 가졌다. 그는 "기억은 왜곡될 수 있으나, 기록은 존재로 남는다"고 믿었다. 그는 '서생적 문제의식'과 '상인적 현실감각'을 수없이 반복하며 강조했다. 내가 연설문을 쓸 때도 이 점을 결코 놓치지 말 것을 여러 차례 당부했다. 그가 자서전과 육성 회고록과 옥중서신을 통해 남긴 문장들은 이미 역사로 남았다. 그가 사용한 정치의 언어는 국민과 소통하는 과정에서 일반의 상식과 사유의 언어로 진화했다. 그의 문장에는 네 가지 특징이 있다.

첫째, 신념의 언어: 그는 자신이 쓰는 글에 민주주의, 자유, 인권이라는 단어를 빠뜨리지 않았다.

둘째, 이해의 언어: 상대 진영과 정치적 적을 이해하려는 문장 그리고 상처를 감싸는 말이 가득하다.

셋째, 신학적 깊이: 인간과 고난에 대한 신앙적 해석은 웬만한 신학자를 넘어선다.

넷째, 자기 성찰: 실패를 자기 성찰의 기회로 고백하는 용기. 김대중의 글은 민주주의의 '성서(聖書)'다. 그의 글은 단지 기록이 아니다. 그것은 시대의 광야 속에서 남긴 '언어의 성전'이다. 그는 선지자처럼 말로 시대를 증언했고, 글로 시대를 건너 '역사'가 되게 했다.

그의 글은 지금도 우리에게 묻는다. "우리는 무엇을 믿고, 어떻게 살아갈 것인가?" 그 질문이야말로 온전한 민주 사회를 꿈꾸며 살아가는 우리 모두에게 던지는 물음이다. 김대중이 말과 글로 남긴 위대한 유산이다.

옥중서신,

감옥에서 철학자가 된 김대중

나는 쓰지 않으면 무너졌을 것입니다.

— 김대중, 《옥중서신 1》

김대중에게 글은 고난과 고독과 침묵을 견디는 수행이었다. 그가 기록으로 남긴 생각과 사상은 오늘도 불멸의 어록으로 살아 있다. 김대중은 '말의 사람'인 동시에 '글의 사람'이었다.

그는 구금과 망명, 침묵의 시기마다 글을 썼다. 그의 글은 단지 사유의 흔적이 아니라, 정치의 지도(map)였다. 옥중에서 그토록 엄격한 감시를 받으면서도 그는 틈을 내서 펜을 들었다. 봉함엽서에 깨알같이 쓴 글이 없었다면 김대중의 사상은 빛을 보지 못했을 것이다.

1980년 내란음모 혐의로 사형을 선고받고 수감되었을 때도 김대중은 글쓰기를 멈추지 않았다. 이희호 여사와 가족에게 보내는 편지 쓰기였다. 훗날 《옥중서신》(1983년)으로 묶인 이 책은 김대중의 삶의 진면목을 가장 잘 응축해 놓은 기록이다. 내가 연설비서관 이전부터 외우다시피 읽은 김대중의 《옥중서신》은 어마어마한 철학적·정치적 사상서다. 절대고독과 침묵 속에서 분수처럼 솟구쳐 나온 사상의 진수다.

위대한 문장은 고난이라는 직접 경험과 독서라는 간접 경험이 한 사람의 내면에서 사유되고 발효될 때 비로소 가능하다는 것이 평생 글쟁이로 살아온 나의 굳은 믿음이다. 고난이 지독하고 깊을수록, 외로운 독서량이 방대할수록 그만큼 좋은 문장이 튕겨 나온다. 그는 아내 이희호 여사에게 눈물의 편지를 쓰면서 감옥을 '인간학의 학교'로 바꾸었다. 자신의 신념을 점검하고 내면을 가다듬었다. 그리고 '위대한 문장'을 남겼다.

그 문장들은 단순한 글이 아니다. 삶이다. 진실이다. 철학이다. 세상을 움직이는 위대한 사상이다. 그런 삶, 진실, 철학, 사상이 한 걸출한 정치 지도자와 결합되었을 때 그 사회는, 그 국가는, 그 역사는 세계 속에 폭풍을 일으킨다.

아무리 지루한 날도 24시간 이상은 아니고 아무리 빨리 가는 날도 24시간 이상은 아니오. 나는 독서와 수양으로 결코 지루하지 않은 24시간을 보내고 있소.

— 김대중, 《옥중서신 1》

감옥은 김대중에게 시대가 선물한 대형 도서관이었다. 가치, 의미, 인생관, 역사관, 세계관을 다시 쓰게 한 천지창조의 공간이었고, 창세기의 에덴동산이었다. 그는 감옥에서 책을 읽고 인내하며 영혼을 단련했다. 사형선고를 받고 죽음밖에 기다릴 것이 없는 상황에서 쓴 그의 글에서 우리는 '정치적 패배자'가 아닌 '영혼의 승리자'가 부르는 위대한 서사를 읽을 수 있다.

정치인 김대중은 감옥에서 사상가, 철학자가 되었다. 그 사상과 철학은 고스란히 글로 남았다. 신앙, 자유, 양심,

고통, 구원의 문제까지 그만의 철학과 사유체계를 완성했고 정치와 종교, 인간과 역사를 아우르는 내면의 답을 얻어냈다.

실패의 기록 vs.

진심의 기록

> 우리는 못난 조상이 되어서는 안 된다. 후손들에게
> 자랑스럽고 영광스러운 내일을 물려주어야 한다.
> — 김대중, 《김대중·나의 길 나의 사상》

김대중이 김영삼에게 패하고 쓴 《김대중·나의 길 나의 사상》(1994년)은 분명 '패배자의 기록'이다. 1992년 김영삼과의 대결에서 끝내 낙선하고 영국으로 떠났던 그는 그 패배를 인정하면서도 희망의 끈을 놓지 않았다. 철저한 자기반성과 뼈아픈 실패를 인정함으로써 김대중은 자신에게 좀 더 솔직해지려고 노력했다. 그리고 그는 실패마저도 민주주의의 새로운 리더십의 자양분으로 활용했다. 그는 회고록을 통해 '지도자란 무엇인가'를 다시 물었다.

> **나는 내가 지도자인 줄 알았다. 그러나 나는 국민에게 길을 묻는 법을 배워야 했다.**
> — 김대중, 《김대중 육성 회고록》

김대중은 정치적 실패의 경험을 새로운 시작의 출발점으로 삼았다. 그는 절망하거나 좌절하지 않았다. 이재명의 정치 일생에도 절망이나 좌절이 없었다. 그는 어떠한 절망적 상황에서도 자신이 가야 할 방향을 찾아냈다. 국민을 '중심'에 둔 생각과 메모를 통해서였다.

> **이제 생존을 위한 '최소한의 삶'이 아니라 '기본적인 삶'이 보장되는 사회로의 대전환을 고민해야 합니다.**
> — 이재명, 국회교섭단체 대표 연설(2022.09.28)

이재명은 어느 날부터 '먹사니즘', '잘사니즘'을 강조하며 '기본사회'에 대한 구상을 구체화하기 시작했다. 이른바 '두툼한 매트리스' 기본사회 비전이었다. 이 또한 어느 날

갑자기 툭 튀어나온 것이 아니다. 끊임없는 생각과 메모에서 나온 것이다. 회의 중, 이동 중, 심지어 유세 중에도 열심히 메모를 한다.

공개된 수첩에는 단어 하나, 문장 하나가 조각처럼 남아 있다. 거기엔 한 인간의 삶과 철학, 생생한 감각이 여과 없이 담겨 있다. 그의 메모는 일기와도 같고, 정책의 씨앗과도 같다. 즉석에서 적은 메모들이 나중에 공약으로, 연설로, 입법으로 발전한다. 그런 차원을 떠나서도 그의 리더적 인문학적 소양을 엿보게 한다.

드디어 수술실 CCTV 설치 의무화 법안이 본회의를 통과했습니다. 그동안 (제가) 적극 촉구해온 입장에서 크게 환영합니다.
— 이재명, 페이스북(2021.08.31.)

이재명의 글은 거창하지 않다. 하지만 그는 매일 쓰고, 곧바로 공유하고, 곧장 반응한다. 그의 글은 SNS에서 태어나고, 국민의 반응 속에서 성장한다. 그에게 글쓰기는 단지 기록이 아니며 단순한 자기표현이 아니다. 그때그때 현장에서 살아 움직이는 즉시성의 정치이자 소통의 리더십이다.

이재명은 국내 정치인 중 가장 SNS를 전략적으로 활용한 리더이다. 그는 자신의 생각, 정책 방향, 감정까지도 글로 써서 직접 공유한다. 이런 문장들은 짧지만 선명하다. 그는 '말보다 빠른 글', '글보다 뜨거운 반응'을 잘 이해하는 사람이다. SNS는 그에게 정책 브리핑의 창이자, 감정 공유의 플랫폼이다. 그의 SNS 글쓰기에는 몇 가지 특징이 있다.

첫째, 짧고 쉽고 리드미컬하다.
둘째, 정서와 정책을 연결한다.
셋째, 댓글과 반응을 정치의 거울로 삼는다.

이재명의 글은 시민들과의 관계 유지를 위한 장치, 현실 문제에 대한 빠른 입장 표명, 자기 자신을 새로 다듬는 리셋의 장으로 작동한다. 그는 글을 통해 국민의 눈높이에 정확하게 맞추려 노력한다. 대필한 명문장보다 자신이 타이핑한 진심의 문장을 더 선호한다.

말과 글에서 드러나는

양심과 진실

김대중과 이재명, 두 사람 모두 가장 혹독한 세월을 살아가면서 글을 남겼다. 그 글들은 해명도, 방어도 아니었다. 그것은 시대를 향한 자기 증언이며, 자신의 정치가 정당한가를 스스로에게 묻는 양심의 문서였다. 김대중에게 글은 '내면의 윤리'를 확인하는 과정이었고, 이재명에게 글은 '외부의 오해'를 걷어내는 도구였다.

6년의 감옥 생활, 참으로 길고 힘든 시간이었습니다. 그러나 나는 좌절하지 않았습니다. 나는 나의 감옥 생활이 우리나라의 민주주의를 위한 값진 희망의 불꽃이 되리라

생각했어요.

— 김대중, 《김대중 육성 회고록》

김대중은 자신을 감옥에 가둔 권력조차 미워하지 않겠다고 썼다. 그의 글은 윤리적 결단의 선언문이었다. 그는 고통 속에서도 양심을 잃지 않으려 부단히 노력했고, 그 양심은 글을 통해 영원한 기록으로 전승되었다.

이재명의 글은 주로 SNS, 자필 메모, 저술로 드러난다. 그는 끊임없는 정치적 오해와 고발, 혐의의 포위 속에서 자신의 입장을 드러내야 했다.

나는 겁이 없다. 살아가면서 어지간한 일에는 눈도 깜빡하지 않는다. 날 때부터 강심장이어서가 아니라 인생의 밑바닥에서부터 기어올라 왔기 때문이다.

— 이재명, 《함께 가는 길은 외롭지 않습니다》

그의 글은 절박하지만 비굴한 도피가 아니다. 자신감 있는 선언의 구조를 갖춘다. 그는 '밑바닥부터 기어올라' 대통령이 된 사람이다. 어려움에 처할 때마다 사사건건 굳이 해명하려 하지 않고, 현실 그대로를 받아들이는 쪽을 택했다. "참고 견디는 일 말고는 다른 방법이 없었기 때문"이었다. 마치 '진실은 언젠가 반드시 증명된다'는 듯, 그는 꾸준히 자신의 상황을 인정하고, 입장을 고백하고, 기록했다.

> **2025년 대한민국은 역사적 대전환점에 서 있다. 우리는 초과학기술 신문명이 불러올 사회적 위기를 보편적 기본사회로 대비해야 한다.**
> ─ 이재명, 《결국 국민이 합니다》

2025년 6월, 천신만고 끝에 대통령이 된 이재명은 지금의 상황을 '역사적 대전환점'에 서 있는 변곡점으로 보고 있다. 그 변곡점의 핵심에는 '초과학기술', '신문명', 그것이 불러올 '사회적 위기'가 있다고 진단하고 있고, 그 해법으로는 '보편적 기본사회'를 주장한다. 그리고 그 모든 것의 중심에 '국민'이 있고, 그 '국민'이 '주인'이 되는 나라가 '진짜 대한민국'이며, 대통령은 단지 그 국민들이 '함께 잘사는' 나라를 만드는 '대표 머슴'이라고 말하고 있다. 그가 대통령이 되는 과정에서 정립한 'K-민주주의'의 이론적 틀이다.

김대중의 양심은 '자기 절제'로,

이재명의 진실은 '감정의 투명함'으로

희망과 시련은 늘 함께 다닌다. 하지만 시련의 역할은 사람을 굴복시키는 것이 아니라 희망의 강도와 절실함을 시험하는 것이다. 긍정과 희망이 나의 무기가 되었다.
― 이재명, 《함께 가는 길은 외롭지 않습니다》

김대중의 글은 늘 절제된 표현의 형식을 따른다. 감정보다는 성찰, 고백보다는 근거, 체험보다는 통찰. 그래서 그의 글은 시간을 견디는 무게를 가진다. 반면 이재명의 글은 언제나 긍정과 희망에 기반한다.
    그는 거침없이 시련의 고통과 상처를 드러내고, 눈물

을 흘리며, 아픔을 공유한다. 하지만 그 모든 표현은 꾸미 거나, 인위적이거나, 의도된 기획이 아니다. 살아온 삶에서 저절로 터져나온 진실이자 자연스런 본능의 언어다. 이재명의 삶의 진실은, 그래서 더 '사람의 언어'로 다가온다. 어느 거리에서나 누구든지 들을 수 있는 '나의 언어'가 된다.

김대중은 양심으로 시대를 이끌었고, 이재명은 진실로 대중을 이끌고 있다. 김대중은 정치적 도덕성이 근간이고, 이재명은 정서적 신뢰가 기반이다. 공통점은, 두 사람 모두 글을 통해 자신을 드러냈고 그 드러냄 속에서 양심과 진실을 대중에게 전달하고자 노력했다는 점이다.

글은 감춰진 인격을 드러내는 거울이다. 김대중의 글이 시대의 양심을 보여주었다면, 이재명의 글은 현재의 진실을 아프게 보여준다.

글은 정치를 보호하는 무기가 아니다. 글은 정치인을 드러내는 진실의 거울이다. 국민은 그 거울을 통해 묻는다.

"이 사람은 누구인가? 이 사람은 우리 국민을 무엇으로, 어떻게, 어디로 이끌어 가려 하는가?"

김대중과 이재명은 서로 다른 언어로, 그러나 최대한의 진심을 담아 그 물음에 대한 답을 제시하고자 했다. 그것을 글로 증명하려 기록으로 남겼다. 자서전으로, 회고록으로.

기록은 잊히지 않는 약속,

다음 시대의 거울이다

김대중은 산업화와 독재의 시대에 '행동하는 양심'을 설파했고, 이재명은 내란극복과 민생회복의 시대에 '국민주권'과 '진짜 민주주의'를 선언했다.

   김대중은 감옥에서 글을 썼고, 이재명은 광장과 SNS에서 글을 썼다. 두 사람 모두 살아 있는 동안, 끊임없이 '기록하는 사람'이었다. 기억은 잊혀져도 기록은 남는다. 말은 허공에 날아가도 문장은 마지막까지 남는다. 그렇게 남은 문장이 어느 순간, 정당성의 증거가 되고, 진실의 좌표가 되고, 역사의 기준점이 된다.

   '무엇을 쓰고 무엇을 남길 것인가?'

> 기록이 나를 보호할 수는 없다. 하지만 기록이 국민을 깨울 수 있다면, 나는 남겨야 한다.
>
> — 김대중, 《김대중 자서전 2》

김대중이 남긴 기록은 민주주의가 왜, 어떻게, 어떤 대가로 가능했는지를 말해준다. 이재명이 남긴 기록은 정의와 불공정에 대한 민감한 감각이 어떻게 현실 정치로 구현되는지를 보여준다.

《김대중 자서전》과 《옥중서신》은 단지 한 개인의 고백이 아니다. 그것은 대한민국 민주주의의 원형이며 시대를 담은 그릇이다. 그는 자서전에서 자신의 실패를 '민주주의 학습의 일부'로 수용했고, 서신에서는 분노보다 인내, 승리보다 양심을 선택했다.

그가 남긴 글은 무겁고 단단하다. 그 무게는 흐르는 시간과 함께 더 무겁게 응축되고, 그 단단함은 세월과 더불어 더 견고한 철학으로 남았다.

제가 하고 싶은 정치는 반대와 투쟁을 넘어 실력에 기반한 성과로 국민들에게 인정받는 것입니다. 불의에는 단호히 싸우겠지만 그것만으로는 부족합니다. 상대의 실패를

유도하고 반사이익을 기다리는 네거티브 정치가 아니라, 잘하기 경쟁으로 국민의 더 나은 삶을 만드는 포지티브 정치여야 합니다.

— 이재명, 페이스북(2022.06.09.)

이재명이 SNS 글, 자필 메모, 정책 수기로 남긴 글들은 감정적이고 즉흥적일 수 있지만, 그만큼 생생하고 인간적이다. 그는 거대한 담론 대신 현실적이고 실용적인 글의 교집합으로 자신을 증명한다. 그 글들은 시간이 쌓이며 감동적인 서사가 된다.

김대중의 기록은 민주주의의 뿌리로 읽히고, 이재명의 기록은 불평등 시대의 좌표로 쓰인다. 그들의 글은 자신의 시대를 넘어, 다음 시대의 기준이 된다. 누군가는 그 글을 읽고 또 다른 정치, 또 다른 미래, 또 다른 희망을 말하게 될 것이다.

4장

언어,

시대를 꿰뚫는 유전자

준비된 언어

논리와 배려의 프레임

언어(言語)는 말과 글이다. 언어는 그 사람의 생각이자 영혼의 무늬다. 김대중과 이재명은 모두 자신의 생각과 영혼의 무늬를, 스스로 사용하는 언어 속에 드러냈다. 오래 삭히고 숙성시켜 나온 그들의 언어를 정치에서 절대적으로 필요한 '준비된 도구'로 삼았다.

두 사람 모두 언어의 곡예사다. 기자들이나 반대 진영의 날카로운 질문 앞에서도 한 박자 쉬고, 정제된 말로 응수한다. 그 배경에는 끊임없이 자문자답(自問自答)하며 숙성된 논리의 체계와 감각이 있다.

김대중은 말의 흐름을 대체로 네 단계로 구성했다. 그냥 툭툭 하는 말 같은데도, 잘 들어보면 이런 네 단계 흐름을 여지없이 보여주었다.

1) 상황 2) 진단 3) 구조 4) 대안

때문에 그의 모든 연설과 회견은 이 같은 논리의 흐름을 바탕으로 설계되었다. 특히 외교·안보·통일 분야에 대해서는 더욱 그러했다. 예를 들어보자.

> 한국 외교가 4대 강국 속에서 취해야 할 '한국 책략'은, 첫째, 우리 운명은 우리가 결정하겠다는 민족적 자각이 절대로 필요합니다. 둘째, 주변 4대국과 다시 한 번 관계를 발전시켜서 그들이 우리의 안전과 통일에 협력하도록 고도의 민족적 역량을 발휘해야 합니다. 셋째, 미국과의 전통적인 협력관계를 정치·경제·군사 면에서 유지 강화하고 일본·중국·러시아에 대해서 우리에게 유리한 작용을 하도록 해야 할 것입니다. 넷째, 우리는 이제 소국 콤플렉스에서 벗어나야 합니다. 이렇게 해서 동북아 5강의 시대를 만들어야 합니다. 이것이 '신한국 책략'입니다.
>
> ─ 김대중, 《김대중·나의 길 나의 사상》

그는 부당한 공격을 받아도 크게 흥분하지 않았다. 오히려 공격하는 상대의 말마저 감싸주는 '배려의 언어'를 사용했다. 김대중의 말은 논리적이고 격조가 있다. 그의 언어가 국가의 '지도자다운' 목소리로 들렸던 이유이다. 대통령은 대통령다워야 한다. 대통령의 언어는 대통령의 언어다워야 한다. 그래야 그 국민의 언어 수준도 함께 격상된다.

> **내 말을 반대하는 분도 국민입니다. 그분들이 무엇을 두려워하는지를 듣고 싶습니다.**
> — 김대중, 15대 대통령 후보 TV토론(1997.10.)

> **의견이 있으시면 자유롭게 말씀하시지요.**
> — 이재명, 21대 대통령 당선 후 국무회의(2025.06.)

이재명의 언어는 단도직입적이지만, 그냥 불쑥 나온 것이 아니다. 좌중의 심리를 꿰뚫는다. 딴 생각을 하며 도망가지 못하게 울타리를 친다. 그는 끊임없이 팩트를 확인하는 사람이다. 그 위에 자신의 생각과 감정을 얹는다. 이재명의 언어는 1) 상황 2) 사실 3) 감정 4) 전환이라는 4단계 구조로 엮여 있다. 예를 들어보자.

2025년 대한민국은 역사적 전환점에 서 있다. 우리는 초과학기술 신문명이 불러올 사회적 위기를 보편적 기본사회로 대비해야 한다. 주거, 금융, 교육, 의료, 공공서비스 같은 모든 영역에서 국민의 기본적 삶을 우리 공동체가 함께 책임짐으로써 미래 불안을 줄이고 지속 성장의 길을 열어야 한다. 이 과제들을 해결하려면 '회복과 성장'이 전제되어야 한다. 희망을 만들고, 갈등과 대립을 완화하려면, 둥지를 넓히고 파이를 키워야 한다. 회복과 성장은 더 나은 내일을 위한 필요조건이다. 새로운 성장동력을 만들고, 성장의 기회와 결과를 함께 나누는 '공리 성장'이 더 나은 세상의 문을 열 것이다.

— 이재명, 《결국 국민이 합니다》

이재명의 언어는 먼저 정확한 현실 진단과 사실로 신뢰를 얻어내고, 그다음 정서적 언어로 실체적 비전 제시를 하며 공감을 유도한다. 그도 수많은 언어의 공격 속에 살았다. 그러나 상대의 공격을 단순한 '말싸움'으로 받지 않고, 항상 본질의 문제로 전환해 사실과 공감의 언어로 반격한다.

> **저를 욕하셔도 됩니다. 하지만 제가 일한 건, 국민의 삶을 바꾸기 위해서였습니다.**
> ― 이재명, 20대 대선후보 토론회(2022년)

김대중의 언어가 논리의 교과서였다면 이재명의 언어는 감정의 설득문이다. 공통점은 두 사람 모두 상대를 찌르기보다 설득하려는 말을 주로 구사했다는 점이다. 이러한 점은 두 사람 모두 천금 같은 '말의 무게'를 잘 알고, 잘 사용한 지도자라는 것을 증명한다.

    언어는 설득의 기술이다. 살아온 삶을 살아온 그대로, 편안하고 논리적인 언어로 표현할 때 사람들은 공감하며 설득당한다. 그러기 위해 두 사람은 철저히 준비된 말을 즐겨 했다. 그들은 '말을 잘하는 사람'이 아니라 자신이 한 '말을 책임지는 사람'이었다. 자신이 뱉은 말을 책임지는 지도자만이 국민 앞에 시대의 설득자가 될 수 있다.

상식의 언어

국민과의 공감대를 이루는 말

정치 지도자에게 가장 중요한 것은 그가 한 그 말이 대중들에게 과연 '먹히느냐'이다. 말이 통하지 않는 정치인은 지도자가 될 수 없다. 지도자와 국민 사이의 공감대에 틈이 있으면 그 틈새만큼 정치는 어려워진다. 그 틈새를 메우는 것이 바로 '상식의 언어'다.

김대중과 이재명은 서로 다른 방식으로 국민과 공감대를 이루는 말을 사용했다. 김대중은 지적 교양과 이성으로, 이재명은 현실 감각과 감성으로 누구나 알아들을 수 있는 '상식의 언어'를 선택했다.

> 정치 지도자는 국민의 삶에 큰 영향을 줄 수 있는 수많은 결단을 해야 합니다. 그가 옳은 결정을 하면 우리 사회에 큰 이득이 되고, 잘못된 결정을 하면 큰 불행이 됩니다. 정치 지도자들에게 주어진 권력은 위대하기도 하고, 위험하기도 합니다.
> ― 김대중, 《김대중 육성 회고록》

김대중의 정치 언어는 설득과 품격을 지녔다. 그는 어떤 주제를 이야기하더라도, 논리, 윤리, 정의, 그리고 상식이라는 공통 언어로 접근했다. 그는 국민이 알아듣는 말을 쓰되, 격이 떨어진 말을 절대 하지 않았다. 상식을 가진 국민이 자부심을 느낄 수 있는 수준으로 언어를 끌어올렸다.

> **국민은 어렵게 사는데, 정치가 어렵다는 말은 정치가 잘못되었다는 뜻입니다.**
> ― 이재명, 20대 대선 후보 토론회(2022년)

이재명의 언어는 상식에 기반하면서도 훨씬 더 생활 밀착형이다. 그는 시장통에서 쉽게 들을 수 있는 말을 즐겨 썼다. 그러한 언어는 정치의 거리를 좁히는 힘이 되었다.

이재명은 상식을 '계몽'이 아니라 '원칙'으로 여긴다. 그는 말하기에 앞서 실제 삶을 살아본 사람이다. 그래서 그는 '부동산'보다 '집 없는 설움'을, '예산'보다 '버스 요금 걱정'을 먼저 말한다. 그의 '상식의 언어'는 국민의 심장 박동에 맞춘 생존형·밀착형 리듬의 말이다. 두 사람은 모두 상식을 정치의 출발점이자 최종 검증대로 여겼다. 그들의 말은 언제나 "국민이 이해하는가"를 기준으로 조율되었다.

> **집에서, 일터에서, 학교에서, 그리고 해 저문 석양빛 퇴근길 골목에서 그날 하루 일상에 보람을 느끼며 행복할 수 있는 나라를 만듭시다.**
> — 이재명, 더불어민주당 대통령 후보 수락 연설(2025년)

내란 사태로 경제가 무너져 내린 상황에서 국민이 일상의 행복을 잃어가는 상황을 그는 이렇게 말했다. 그 말 한마디에 울컥했다는 사람도 있었다.

오늘의 정치 언어는 극단으로 갈라져 있다. 서로의 언어와 문법 구조가 진영에 따라 다르다. 같은 말을 하는데도 해석은 하늘과 땅 차이다. 이념, 비방, 냉소, 분노로 가득하다.

그런 범주에 갇힌 국민은 더 이상 상대가 '무슨 말을 하는지' 모른다. 들으려고도 하지 않는다. 이럴 때 김대중의 품격 있는 언어와 이재명의 현장감 있는 언어는 우리의 정치 언어를 상식의 언어로 바로 세우는 모델이 될 수 있다.

김대중은 정치의 품격을 지켰고, 이재명은 정치의 신뢰를 끌어올렸다. 두 사람 모두 상식의 언어를 통해 국민과 소통했고, '상식의 정치'를 구현했다. 상식의 언어는 대중들의 보편적 인식에 대한 화답이다. 보편적 가치를 존중하는 사람에 대한 존중이다. 김대중과 이재명은 둘 다 국민을 '다스리는 사람'이 아니라 '함께 걸어가는 동반자'로 여겼다. 그러한 존중에서 나오는 언어, 그것이 진짜 상식의 언어다. 상식의 언어는 상식의 정치를 낳고, 민주주의의 가장 기초적인 기반이 된다.

희망의 언어

희망은 믿음이며 만들어지는 것

절망은 삶 속에 언제나 존재한다. 억장이 무너지고, 믿었던 사람이 떠나며, 길이 보이지 않는다. 그런 순간들이 끊임없이 이어져 절망이 더욱 깊어간다. 절망의 순간은 매우 구체적이다. 그런데 희망은 반대다. 구체적이지 않다. 오히려 애매모호하고, 두리뭉실한 미래를 말하는 것 같다. 그렇기 때문에 '희망의 언어'는 큰 믿음과 용기가 요구된다.

　희망이 있다고 믿는 사람에게만 희망이 있다. 희망이 이루어질 것이라고 믿는 사람에게만 미래가 있다. 그것은 오늘에 주어진 현실 상황이 아니다. 그 절망적 상황에 누군가의 입술에서 나오는 '희망의 언어'에서 시작된다.

김대중과 이재명은 모두 깊은 절망의 시기를 통과한 사람들이다. 그러나 그들이 무너지지 않고 지도자로 우뚝 설 수 있었던 이유는, 그 절망의 한복판에서 희망을 말할 수 있는 용기를 가졌기 때문이다. 두 사람은 우리에게 '희망이 있다'고 믿었고, 그 '희망이 반드시 이루어질 것'이라고 확신했던 사람들이었다.

> 나는 요즈음 하나님이 나를, 특히 이 나라에, 이때에, 태어나게 하신 뜻이 무엇인가, 나에게 남다른 고난의 연속을 겪게 하시고 마침내 이같이 감방 속에 가두어 놓으신 뜻이 무엇인가를 여러 날을 두고 생각해 보았습니다. 의외로 참으로 여러 가지 뜻을 발견할 수 있었습니다. 내게는 참으로 뜻깊은 발견이었습니다.
> ― 김대중, 《옥중서신 1》

1971년 박정희와의 대통령 선거에서 패배한 뒤로, 그 어느 순간도 김대중에게 절망적이지 않은 상황이 없었다. 극단의 절망이었다. 그러나 그는 죽음 앞에서도 '하나님의 사랑'을 찾았고 희망을 품었다. 그는 그 절망의 끝자락에서 오히려 단단한 '희망의 언어'를 끌어냈다.

> **봄은 옵니다. 겨울이 깊을수록, 봄은 더 분명하게 옵니다.**
> — 김대중, 15대 대통령 취임사(1998.02.25.)

그는 무턱대고 희망을 말하진 않았다. "희망을 향한 마음만은 꺾이지 말자"는 메시지를 반복했다. 그는 개인의 고난을 공동체의 희망과 도약으로 전환했다. 그의 '희망의 언어'는 절망으로 살아가는 사람에게 용기를 주었고, 고통의 시대를 함께 견디게 하는 믿음의 말이 되었다.

> **우리 다음 세대에게 제대로 된 나라, 모두가 꿈을 가지고 열정을 바치며 온 사회에 활력이 넘치는 나라를 넘겨주고 싶다. 적어도 지금보다는 좋은 세상을 물려주고 싶다.**
> — 이재명, 《이재명, 대한민국 혁명하라》

이재명에게도 그의 삶 자체가 절망이었다. 어린 시절 노동으로 다친 팔, 극단의 가난과 궁핍, 중학교 진학을 포기하고 소년공으로 살아야 했던 청소년기, 정치를 시작하고도 끊이지 않고 날아든 정치적 몰매와 사법 리스크, 반대 진영의 폭력적인 언어 공격 등등. 그러나 그는 자신을 비참하게 만들 수도 있었을 그 절망의 현실을 '나만의 이야기'

가 아니라 '이 나라 수많은 사람들의 이야기'로 바꿨다. 그리고 거기서부터 '희망의 언어'를 찾아냈다.

그는 불안한 청년, 해고자, 서민 가장의 불안을 그들의 희망의 언어로 말하며, 정치를 '희망의 기술'로 전환했다.

> 내가 겪은 고통이 당신의 삶에 도움이 된다면, 나는 그 모든 시간을 감사하게 여깁니다.
> — 이재명, 20대 대선 유세 마지막 연설(2022년)

> 내가 희망하는 사회는 더불어 함께 사는 세상이다. 그런 세상을 만드는 데 내가 도움이 될 수 있기를 희망한다. 함께 싸워줄 동지들이 필요하다. 어떠신가요? 저와 함께 하시겠습니까?
> — 이재명, 《그 꿈이 있어 여기까지 왔다》

이재명의 꿈과 희망은 이재명 한 사람의 것이 아니다. 5,200만 우리 국민 모두의 것이다. 두 사람 모두 항상 희망을 노래했다. 그들은 그 희망을 믿었고, 많은 부분을 이루었고, 더 큰 희망을 품게 했다. 덕분에 우리 국민은 희망의 미래를 바라보며 현재를 견딜 수 있는 힘을 얻었다.

오늘날의 정치 언어는 듣는 귀가 괴롭다. 화가 치밀어 오른다. 듣는 것 자체가 절망적이다. 희망을 말하는 것이 아니라 말하는 사람 자체가 절망인 것이다. 이럴 때, 나는 되묻는다.

"당신은 지도자인가? 도대체 지금 어떤 말을 하고 있는가?"

"당신의 말은 희망인가, 절망인가?"

'희망의 언어'는 반드시 결과를 보장해주지는 않는다. 그러나 사람들로 하여금 포기하지 않게 한다. 포기하지 않는 삶의 태도로 자신의 존엄을 지켜내게 한다. 희망의 언어는 '지금 여기'를 버티게 하는 힘이다. 커피 한 잔을 마시면서도 입가에 미소를 짓게 한다. 웃으며 살게 만든다.

김대중은 "당신은 혼자가 아니며, 역사가 당신과 함께 걸을 것"이라고 말했다. 이재명은 "당신의 눈물이 내 정치의 이유"라고 말했다. 두 사람의 말은 정치적 언어이기 이전에 인간에 대한 연민과 확신, 그리고 내일에 대한 희망의 서약이었다.

진실의 언어

거짓을 돌파하는 정직한 말의 힘

정치에서 '말'은 늘 의심받는다. 현실은 복잡하고, 조작될 수 있으며, 진실은 감춰지기 쉽다. 하지만 김대중과 이재명은 모두 정치가 '말의 유희'가 아니라 '정직의 실천'임을 보여준 인물들이다. 그들의 공통점은 분명하다. 불리할수록 더 명확한 말, 불편할수록 희망적인 말을 선택했다는 점이다.

김대중은 '행동하는 양심'을 거듭 강조했다. 스스로도 양심에 따라 행동하려 노력했다. '거짓에 맞서는 정직'을 지켜내기 위해 침묵과 인고의 시간을 보냈다. 그 고통의 시간을 견디며 오히려 '품격 있는 언어'를 품어냈다.

기적은 기적적으로 이루어지지 않습니다. 한국의 민주화, 특히 헌정사상 최초의 평화적 정권 교체는 한국 국민의 피와 땀에 의해 이뤄진 기적입니다.

— 김대중, 《김대중 자서전 2》

1971년 대선 패배, 1980년 신군부의 탄압, 1992년 야권 분열의 책임 논란. 김대중은 나락에 떨어진 순간마다 '진실'을 포기하지 않았다. 진실을 믿고 현실을 받아들이며 기다렸다. 기다리는 인고의 시간 속에서 자신이 마음에 그리는 세상을 디자인했다.

그의 '진실의 언어'는 자신을 살리고 세상을 일으키는 힘이었다. 낙심하고 절망한 현실을 없는 것으로 지워버리는 것이 아니라, 다가올 시간의 진실을 믿고 "더 참고 기다리자"며 스스로를 설득하는 자기 최면, 자기 암시였다.

국민은 압니다. 진실은 흔들려도 무너지지 않고, 거짓은 크면 클수록 스스로 붕괴합니다.

— 이재명, 국회 기자회견(2023.02.10.)

이재명도 끊임없는 악마화 프레임과 싸우며 살아왔지만

단 한 순간도 '진실'의 끈을 놓지 않았다. 그는 수없이 반복되는 '거짓'과 대면하며 싸웠다. 그는 거짓의 공격을 피하지 않았다. 오히려 정면 돌파하는 언어를 구사했다. 그의 언어는 사실 기반, 정서 호소, 반복 확인이라는 삼각 구조를 가진다. 그는 국민에게 직접 설명하고, 기록을 남기고, 스스로 다시 묻고 대답하는 방식으로 현실을 돌파했다. '정직을 의심받는 시대에 정직을 설득하는 방식'이었다.

김대중은 말의 무게로 진실을 지켰고, 이재명은 말의 속도로 진실을 돌파했다. 방식은 달랐지만, 말을 거짓의 도구로 쓰지 않았다는 점에서는 둘이 똑같다. 정치는 때로 '거짓의 기술'이다. 그러나 김대중은 그 기술을 거부했고, 이재명은 그 기술을 되받아쳤다. 두 사람 모두 정치가 말로 사람을 속이는 일이 아니라 말을 통해 사람을 믿게 하는 일임을 증명하려 애썼다.

    정직한 말은 멀리 퍼지고 오래 간다. 두 사람 모두 거짓을 이겨냈다. 그들은 진실을 말로 '표현'하는 것에 머물지 않았다. 삶으로 '증명'했다. 진실은 언젠가 반드시 드러난다는 확고한 신념, 그것이 많은 사람으로 하여금 신뢰감을 갖게 만들었다.

통합의 언어

분열을 넘어서는 목소리

갈등과 대립은 피할 수 없는 정치의 과정이다. 그러나 그 갈등과 대립이 적대와 혐오로 고정될 때, 정치는 국가 분열과 자멸을 초래하는 위험물이 된다. 김대중과 이재명은 각기 다른 시대에, 분열의 중심에서 통합을 말한 사람들이었다. 그들의 언어는 적을 무찌르는 말이 아니라 적과도 함께 가야 하는 이유를 설명하는 도구였다.

    김대중의 '통합의 언어'는 그가 모질게 견뎌낸 '원한의 정치'를 뛰어넘기 위한 방편이기도 했다. 그는 수차례 생명의 위협을 받았고 수없는 배신을 당했지만, 끝내 '용서'라는 말로 정치를 포용했다. 연설비서관으로 모시던 5년 동안 그에게 '용서'는 정치적 수단이 아니라 '신념'인 것을 확인했다. 아마도 사선(死線)을 넘나들며 체득한 차원 높은 삶의 철학이 아닐까 싶다. 옥중에서 행한 기도와 명상, 독서와 사색 그리고 신앙적 믿음이 그 신념과 철학을 잉태한 토대가 아니었나 싶다.

바르게 산다는 것은 어떤 어려움이 닥쳐도 약자의 편에 서는 것이다.
— 김대중, 《김대중 자서전 2》

그는 항상 '함께'라는 말을 즐겨 했다. 정적이나 경쟁자뿐만 아니라 북한 동포와도 '함께' 살아야 한다고 설파했다. 그는 DJP 연합을 통해 집권에 성공했다. 한때 자신을 옥죄었던 군사정권의 후계자와 손을 잡았다. 그것을 정치적 타협이 아니라 정치적 통합으로 설명했다. 그의 정치적 통합은 윤리적 통합(증오를 넘어 용서로), 지역 통합(호남-충청 연합), 이념 통합(보수와 진보의 공동 기반), 이 세 층위를 모두 포괄했다.

이재명은 정치로 김대중의 길을 따르고 있다. 그런 점에서 김대중과 이재명은 많이 겹친다. 김민석 총리도 바로 이 점, '두 사람이 겹친다'는 대목에 100% 동감을 표시한다. 이재명의 정치는 그야말로 '통합의 정치'다. 따라서 그의 언어 또한 전적으로 '통합의 언어'다. 2025년 4월 27일 더불어민주당 대통령 후보 수락 연설에서 그는 '통합'이라는 단어를 14번 반복했다. 각 언론마다 이 대목에 주목했다. 수락 연설문 작성에 참여했던 나로서도 큰 보람이었으나 연설문 작성팀이 의도한 것은 아니었다. 이재명 언어의 키워드를 따라가다 보니 자연스럽게 나온 결과였다.

그렇다. 다시 강조하거니와 이재명의 정치는 '통합의 정치'다. 그러니 그의 언어 또한 '통합의 언어'일 수밖에 없다. 그것이 이재명 시대의 '시대정신'이다.

> 이번 대선에서 누구를 지지했든 크게 통합하라는 '대통령'의 또 다른 의미에 따라, 모든 국민을 아우르고 섬기는 '모두의 대통령'이 되겠습니다.… 이제부터 진보의 문제란 없습니다. 보수의 문제도 없습니다. 오직 국민의 문제, 대한민국의 문제만 있을 뿐입니다. 박정희 정책도, 김대중 정책도, 필요하고 유용하면 구별 없이 쓰겠습니다.
>
> — 이재명, 21대 대통령 취임사(2025.06.04.)

이재명은 한 걸음 더 나아가 '정의로운 통합 정부'를 설파했다. "분열의 정치를 끝낸 대통령이 되겠다"면서 "국민 통합을 동력으로 삼아 위기를 극복하겠다"고 말했다. 그리고 그 방법으로 "박정희의 정책도, 김대중의 정책도 구별 없이 쓰겠다"고 천명했다.

이재명은 이념, 계층, 지역, 세대, 젠더를 둘러싼 갈등이 서로 증오를 주고받는 구조로 고착된 이 시대, '적대의 정치'를 넘어 '통합과 공존'의 실용주의를 '통합의 언어'로 제시한다. 이재명의 '통합의 언어'는 크게 보아 아래 세 가지를 포함한다.

1) 경제적 통합: 기본소득, 불평등 해소, 중산층 복원
2) 정서적 통합: 상처받은 서민과 청년층에 대한 연대 감각
3) 정치적 통합: 국정운영의 실용과 초당적 협치

김대중과 이재명, 두 사람 모두 통합을 말했다. 그리고 그 말은 단순한 정치적 구호가 아니라 실행을 목표로 한 가장 기본적 태도의 선언이었다. 김대중은 자신을 죽이려 했던

자를 용서하며 "우리가 싸워야 할 대상은 사람이 아니라 억압"이라고 말했다. 이재명은 자신을 조롱하고 비난하는 군중 앞에서도 "통합이 우리의 미래"라고 말했다.

이것은 정치의 고결함이다. 시대가 요구하는 기본 윤리다. 통합의 언어는 '틀림'이 아니라 '다름'을, '다름' 속에 감춰진 무수한 '같음'을 기억시킨다. 정치가 증오와 분열의 언어로 망가질 때, 김대중과 이재명은 '통합의 언어'로 새 시대의 길을 열었다.

말은 차이를 없애는 도구이기도 하지만, 차이를 인정하면서도 함께 갈 수 있다는 믿음을 심는 기술이다. 두 사람이 설파한 통합의 언어는 오늘 우리 모두의 입에서 다시금 수없이 반복해서 이야기되어야 한다. 전설이 되고, 신화가 되고, 역사가 되어야 한다.

양심의 언어

사람의 양심에 불을 붙이는 부싯돌

정치인의 말은 시대정신과 시대 윤리의 선언이다. 역사의식의 표상이다. 정치 지도자, 특히 대통령의 언어는 토씨 하나까지도 그 세 가지가 녹아들어 있다. 여기에 개인 서사와 시적(詩的) 레토릭이 더해질 때 국민의 심금을 울리는 '리더의 언어'가 될 수 있다.

정치는 언어를 통로로 삼은 협상과 타협의 기술이다. 정치인의 언어는 늘 그 시대의 정신과 윤리적 무게를 드러냄과 동시에 무엇을 말하느냐 보다, 어떤 목표와 방향을 가지고 말하느냐, 입속의 혀가 아닌 마음으로 말하느냐가 중요하다. 정치인의 언어 속에 그 사람의 모든 것이 담기고 그의 인격까지 드러나기 때문이다.

김대중과 이재명은 '정치 언어의 윤리성'을 가장 치열하게 고민하고 실천한 사람들이다. 시대정신의 표상이었던 그들의 언어는 논리보다 더 깊은 곳, 양심과 윤리의 감각을 일깨우는 무의식의 서사시다.

나는 대통령이 되고 싶어서 정치하는 것이 아니라, 이 나라가 사람답게 살 수 있는 나라가 되기를 바랐기 때문이다.
― 김대중, 《김대중 자서전 1》

김대중은 말의 수위를 조절해 가면서도 언어의 도덕적 기준을 끌어올리는 방식으로 대중과 상대방의 '무의식'을 움직였다. 그는 상대를 공격하는 언어 사용을 최대한 자제했다. 자신이 옳다고 믿을 때는 물러서지 않았지만 그 옳음을 납득시키기 위해 격한 언어를 선택하지 않았다. 오히려 목소리를 낮추었다. 그의 언어는 높은 품격을 보였고 듣는 이의 수준도 높였다.

그의 말에는 언제나 도덕적 근거, 인권, 책임, 윤리적 태도가 배어 있었고, 경청, 절제, 화해가 내재되어 있었다. 그는 '이기는 말'이 아니라, '옳은 말'을 고수했다.

이재명의 언어는 김대중보다 훨씬 직설적이고, 도덕적 분노와 '혁명적' 단어가 섞여 있으나 그것도 분명한 정치 윤리와 상식의 범주 안에서 표출했다. 이재명이 2017년에 쓴 《이재명, 대한민국 혁명하라》를 읽다 보면, 마치 김대중의 《대중경제론》, 《옥중 서신》을 읽는 듯한 놀라운 느낌이 든다. 이미 오래전에 쓴 자기 정치 철학의 기본 생각을 일목요연하게 정리해 놓았기 때문이고, 그때 정립된 정치 철학을 거의 변함없이 자신의 현실 정치에 접목해 실천하고 있기 때문이다.

이재명이 이때 사용한 언어는 다소 과격하다 여겨진다. '혁명', '제압' 같은 단어들이 시간이 흐르면서 부드럽고 유연한 단어로 바뀌고, 정책에서도 '점진적, 단계적'으로 전환되는 것을 보면서 이재명의 언어도 '통합의 언어'로 전환되고 있다는 믿음을 갖게 되었다. 그는 부정의, 특권, 기득권에 대한 말에서 시민의 분노, 양심의 목소리를 대변했다.

도둑에는 작은 도둑과 큰 도둑이 있다. 작은 도둑이 잡히면 곧장 감옥에 가지만 큰 도둑은 유유히 빠져나간다. 그들은 재판을 받아도 집행유예로 풀려나기 일쑤다.

— 이재명, 《함께 가는 길은 외롭지 않습니다》

이재명의 말은 공격적으로 들릴 수 있지만, 그 안엔 분연한 도덕감각, 양심을 지키는 진정성이 있다. 그는 '정의'라는 한 단어보다 '불의에 맞서는 상식'으로 펼쳐 말하며, 상식과 이성을 가진 국민의 양심과 윤리를 자극한다. 두 사람 모두 말을 통해 개인의 양심을 깨우고자 노력했다.

김대중은 "정치는 사람을 사람답게 만드는 것"이라고 말했고, 이재명은 "정치는 결국 국민이 한다"고 말했다. 그들의 말은 시대를 바꾸려는 '계획'이기 전에, 사람을 바꾸려는 양심 교사의 '계몽'이었다.

    정치 언어는 도덕적 근거를 가진 말이 살아남는다. 사람의 마음을 움직이고, 그 사회의 윤리적 기풍이 된다. 말의 윤리성은 시대와 양심을 지탱하는 마지막 힘이다. 김대중은 조용한 말로 사람의 양심을 일깨웠고, 이재명은 뜨거운 말로 사람의 양심을 깨웠다. 양심의 말은 논리보다 앞서고 권력보다 강하다.

감정의 언어

혁신과 변화를 이끄는 힘

혁신은 사람의 생각과 마음부터 변화시켜야 한다. 세상이 바뀌려면 사람들의 마음이 먼저 움직여야 하고, 그 마음을 움직이는 도구는 언제나 언어였다.

    김대중과 이재명은 각기 다른 시기, 다른 문법으로 사람들의 감정을 흔들며 시대를 움직였다. 그들의 말은 각성이었고, 각성을 넘어 때로는 전율을 안겨주었다. 두 사람의 말을 듣다 보면 가슴이 뛰고 떨리는 순간을 감지하게 된다. 그것이 전율이다. 언어의 힘이다.

김대중의 말은 상대가 누구든 언제나 정중했다. 절제되어

입 밖으로 나왔다. 정치부 기자로 15년, 연설비서관으로 5년, 그와 지근거리에 있었지만 단 한 번도 그의 말로 인해 자존감이 상하거나 상처를 받은 적이 없다. 그런데 오히려 그것이 나를 숨 막히게 했다.

나를 청와대 연설비서관으로 불러놓고 거의 1년 동안 칭찬도 질책도 하지 않았다. 연설문 초안을 올리면 칭찬이든 질책이든 무슨 말이 있어야 그다음 작업을 할 수 있을 것인데 한마디 말이 없으니 죽을 맛이었다.

딱 1년이 지난 어느 날에야 비로소 "고 비서관, 요즘 연설문이 좋아요"라는 한마디 말로 나를 일으켜 세워주었다. 돌이켜 보면 그것이 그분의 용인술이었다. 특유의 자존심으로 뭉쳐진 글쟁이의 속성을 누구보다 잘 알고 계셨던 것 같다. 글쟁이에게 치명적일 수 있는 '작은 상처'라도 되도록 주지 않기 위해 그랬던 것 아니었나 싶기도 하다.

> **군사정부는 저를 용공 세력으로 몰아서 그들의 조작된 재판을 정당화하려고 했습니다. 그러나 저는 공산주의를 일관되게 반대했으며, 공산당에 이기는 길은 자유를 사랑하는 것만이 유일한 길이라는 확신을 가지고 있었습니다.**
>
> — 김대중, 필라델피아 '리버티 메달' 수상 연설(1999.07.04.)

김대중은 보수 신영의 언어라 할 수 있는 '자유 민수수의'와 '시장경제'의 신봉자였다. 그러나 그는 일생동안 '좌익 빨갱이' 공격에 시달렸다. 그럼에도 불구하고 김대중은 언젠가는 반드시 진실이 드러난다, '역사의 신'이 함께한다고 믿었고, 민주주의를 향한 확실한 신념을 갖고 있었다. 그리고 역사가 정의의 편이라는 확신이 그의 말 속에는 늘 숨 쉬고 있었다.

그의 언어는 군중을 선동했다. 역사적 당위성과 감정의 울림이 담긴 선동이었다. '민주주의 나라를 바로 세우자'는 민주주의 윤리적 감정, '우리 모두 함께 가자'는 깨인 시민의 연대감, '반드시 우리는 이긴다'는 확신을 동시에 표출했다. 김대중은 격조 높은 언어로 혁신을 말했다. 그 격조가 국민의 자존감과 감정을 끌어올렸고, 정치적 입지를 고양하는 힘이 되었다.

제도가 아무리 좋다 한들 사람이 잘못되면 아무 소용이 없다.
검찰 개혁도 정상적인 나라, 공정한 국가 건설을 위한
부분적인 조치일 뿐이다.

― 이재명, 《이재명, 대한민국 혁명하라》

이재명의 언어는 늘 뜨겁고 강렬하다. 그의 말은 분노에서 출발해 변화로 나아간다. 혁명에서 시작해 통합으로 이어진다. 소년공에서 시작해 대통령에 이른, '개천에서 용이 난' 그의 서사는 대한민국이 '기회의 나라', '희망의 나라'임을 온몸으로 입증했다. 그래서 그의 말을 듣다 보면 저절로 울컥해진다. 실제로 그는 늘 '사람'을 강조한다. 좋은 사람, 깨인 국민이 있어야 국가도, 역사도 올바른 방향으로 발전한다고 믿는다.

이재명의 언어에는 거리의 소리, 청년의 기백이 담겼다. 그는 말로 울렸고, 말로 달랬으며, 말로 대중의 감정을 흔들었다. 그의 '분노의 외침'은 파괴가 아니라 정의와 혁신의 감정 에너지로 변환시키는 '재생산의 언어'였다.

두 사람 모두 '분노'의 감정을 정치적 무기로 삼지 않았다. 그들은 감정을 삭이면서 진실에 접근하려 노력했고, 그렇게 접근한 진실을 언어로 감싸 시대를 움직이는 동력으로 삼았다. 그것이 국가의 정책 방향을 바꾸는 지렛대가 되었다. 김대중은 "정치란 사람을 존엄하게 만드는 것"이라고 자주 말했다. 이재명도 "삶이 나아지지 않는다면, 그 어떤 정치도 실패"라고 말했다.

세상을 깨우는 언어는 사람의 마음을 뜨겁게 만드는 감정에서 나온다. 말이 그런 감정을 담지 않으면 그 말은 아무리 멋진 문장이라 해도 사람을 움직일 수 없다.

치유의 언어

말이 세상을 감싸안을 때 정치도 숨을 쉰다

정치는 사람의 마음을 치유하고 눈물을 닦아주는 것이다. 국민의 삶, 꿈, 아픔을 어루만지며 위로하는 것이다. 그러면서 갈등의 조정 역할도 하고, 국민 개개인의 삶에 연민을 가진 치유자의 손이 되어주는 것이다. 연민 없는 정치는 냉정하고 냉혹하다. 때론 폭력적이다.

김대중과 이재명은 '말을 통해 다친 마음을 어루만지려 한 지도자'였다. 그들의 언어는 한낱 입에 달린 말이 아니었다. 위로의 언어였다. 현실을 견디고 이겨내게 한 치유와 존엄의 언어였다.

가난하다는 이유로, 배웠다는 이유로, 다르다는 이유로
소외당하는 세상은 정의롭지 않습니다.

― 김대중, 광주 대선 유세(1997년)

복지는 시혜가 아닙니다. 인권입니다. 우리 사회에서 돈이
없어서 굶어 죽거나, 돈이 없어 공부 못하는 일이 없게 된
것을 기쁘게 생각합니다.

― 김대중,《김대중 자서전 2》

김대중은 말의 품격도 수준 이상이었지만, 그 말 안에는
언제나 고통받는 이들에 대한 연민이 담겨 있었다. 그는
경제 정책을 말할 때도, 항상 그 혜택을 받아야 할 국민 개
개인의 얼굴을 먼저 떠올렸다.

큰 사랑을 받아본 사람은 어떠한 고통과 시련이 찾아와도
담담하게 이겨낼 수 있다고 하지요. 어머니께서 주신 깊은
애정과 오로지 가족을 위해 평생을 다하신 아버지의 묵묵한
책임감이 지금까지 저를 살아올 수 있게 한 '빽'이라고
단언합니다.

― 이재명, 페이스북(2025.04.12.)

이재명 언어의 핵심에는 언제나 그의 어머니처럼 '상처 입은 삶'에 대한 본능적인 연민과 공감이 있다. 그는 연설 중 펑펑 울거나, 쑥스러워하면서도 사적인 고백을 꺼리지 않았다. 이재명의 언어는 보통 사람들에게 쉽게 다가오는 일상어에 가깝다. 덕분에 듣는 사람의 정서적 반응을 이끌어내면서도 "내가 아파봐서 안다"는 공감의 말로 그 파장을 넓힌다.

두 사람은 늘 "내가 너를 바라본다"는 따뜻한 시선으로 말문을 열었다. 오늘날의 한국 정치는 사납고 차갑다. 말은 싸움을 부르고, 언어는 혐오를 키운다. 이럴 때 김대중의 절제된 연민의 언어와 이재명의 정직한 연민의 언어는 사납고 차가운 정치의 감정을 부드럽고 따뜻한 것으로 회복시키는 동력이 될 수 있다.

    그들의 언어는 '국민의 앞에서'라기보다 '국민의 옆에서' 하는 말에 가깝다. 그들은 사람을 이기려 하지 않았고, 사람을 안으려는 언어를 선택했다. 사람을 살리고 세상을 끌어안는 말이 결국 정치를 살린다고 믿었다. 김대중은 연민으로 말의 높이를, 이재명은 연민으로 말의 온도를 높였다.

그들의 말은 갈등을 잠재우는 것에 그치지 않았다. 한 뼘이라도 사람의 고통에 가까이 가닿는 말을 좋아했다. 정치의 언어가 연민을 잃을 때, 정치는 단지 기술이고, 숫자이고, 권력에 불과하다. 정치 지도자의 언어가 사람을 감싸안을 수 있다면 그것은 곧 세상을 치유하고 회복시키는 언어가 된다.

5장

몸,

말보다 강한 몸의 언어

김대중의 몸 언어,

절제된 침묵과 폭발하는 오열

김대중의 '절름거리는 발', 이재명의 '굽은 팔'과 '목의 상흔'. 거기에는 수많은 언어가 담겨 있다. 그들의 몸은 그 자체가 삶이고 메시지다. 김대중은 누구보다 몸으로 말했던 지도자다. '몸으로 말한다'는 것은 말이 아닌 침묵과 눈물, 몸짓을 뜻한다. 정치의 또 다른 언어는 '몸'이다.

김대중은 때로 침묵으로 말했다. 1980년 재판장, 1983년 미국 망명 중 기자회견, 1997년 대선 3수 후 마지막 도전 기자회견. 그는 말하기를 멈추고, 잠시 숨을 고르고, 눈을 감았다. 그에게 침묵은 가장 정직한 몸 언어였다.

> 나는 가끔, 말보다 침묵이 더 정직할 수 있다는 걸 배웠다.
>
> — 김대중, 《김대중 자서전 2》

그의 침묵은 고통을 극복한 영웅의 상징이 아니었다. 아직도 고통과 싸우고 있는 인간 김대중이 다른 방식이 없어 어쩔 수 없이 이 방법밖에는 선택할 것이 없다는 자기 고백이었다. 그 조용한 멈춤, 굳게 다문 입술, 가라앉은 눈빛은 수많은 국민에게 "저 사람도 초인적으로 견디고 있다"는 공감을 불러일으키는 감정적 근거가 되었다.

1980년 12월, 신군부는 그를 내란음모죄로 기소하고 사형을 구형했다. 얼마 후 판사의 선고가 있었다. 선고 당시, 그는 처음엔 미동도 하지 않았다. 그러더니 천천히 고개를 숙였다. 떨지도 굽신거리지도 않았다. 외치지도 않았다. 단지 조용히 고개를 숙였을 뿐이다. 그의 고개 숙임은 항복이 아니었다. 자기 죽음을 의연하게 받아들이겠다는 침묵의 결단이었다. 그 장면은 국내외 언론에 대서특필되었다. 세계는 그 장면에서 '한국 민주주의의 양심'을 보았다고 했다.

내가 전두환 신군부의 타협을 거부함으로써 죽음을 선택한 것이었지만, 그런 내게도 사형은 생각만 해도 공포스러운 일이었습니다. 죽기로 결심했고, 결국 사형선고를 받았지만 나는 전두환 세력과 타협하지 않은 것에 대해서 자랑스럽게 생각합니다.

— 김대중, 《김대중 육성 회고록》

1987년 6월 항쟁 기간, 당시 수배 중이던 김대중이 명동성당 장례 미사장에 홀연히 나타났다. 그는 어떤 말도 하지 않았다. 입을 굳게 다물고, 오로지 걸음으로, 눈빛으로, 온몸으로 말했다. 강력한 메시지였다. 경찰과 군사정권은 당황했고, 시민들은 울음을 터뜨렸다. 그의 '등장 자체'가 사건이었고 메시지였다. 그는 침묵했다. 그의 침묵은 세상을 향해 외치는 '정치적 선언'이었다. 그 장면은 시민들에게 '김대중은 살아 있다'는 확신을 심어주었다.

1980년 광주항쟁 당시 그는 감옥에 있었다. 1989년, 망월동 묘역을 처음 찾은 김대중은 말을 잇지 못하고 주저앉아 엉엉 목 놓아 울었다. 참고 참았던 울음을 터뜨렸다. 나는 그때 중앙일보 정치부 기자로 현장에 있었다. 나도 눈물이 쏟아져서 주체할 수가 없었다. 소리 없이 함께 울었다. 주변의 많은 사람들이 함께 울었다.

> **폭도로 몰렸던 그날의 광주 시민들은 이제 민주주의의 위대한 수호자로서 전 세계인의 추앙을 받고 있습니다. 이 땅에 살고 있는 사람들 중 그 어느 누가 그날의 광주에 빚지지 않은 사람이 있겠습니까. 이제는 우리가 살아남은 사람들로서의 의무를 다해야 할 때입니다.**
> ─ 김대중, 5·18 20주년 추모식 연설(2000.05.18.)

김대중의 눈물은 현장 기자인 나의 눈물과 달랐다. 그의 눈물은 "나는 이 죽음들에 책임이 있다"는 자책감과 회한의 '몸 언어'였다. 그는 정치인으로서가 아니라, 인간으로서 무릎 꿇었다. 그 무릎 꿇음이 국민들에게 '무너짐'으로 비치지 않고 오히려 국민과 희생자 유가족들을 일으켜 세우는 강한 위로의 언어로 다가왔다.

2009년 노무현 전 대통령의 갑작스런 서거는 세상을 충격에 빠뜨렸다. 국민 다수의 깊은 슬픔 속에 장례식이 열렸다. 그 장례식장에 휠체어를 타고 도착한 김대중은 노 전 대통령의 아내 권양숙 여사 앞에서 어린아이처럼 펑펑 울었다. 어깨를 들썩이며 오열했다. 사람들은 공감했다. 김대중이 자신을 대신하여 오열하는 것으로 받아들였다. 슬픔을 함께 나누는 동병상련의 감정을 온몸으로 느꼈다. 많은 국민이 함께 울었다.

1998년 2월 25일, 15대 대통령 취임식에서 있었던 일이다. 김대중은 '고통'이라는 말 앞에서 잠시 침묵했다. IMF를 극복해야 하는 국민들이 "더 많은 땀과 눈물, 고통을 요구받고 있다"는 말을 하다가 잠시 멈추었던 것이다. 울먹울먹하며 가까스로 눈물을 삼키는 '7초의 침묵'이었다. 그 '7초의 침묵'은 엄청난 파란을 일으켰다. 국내는 물론 전 세계 언론이 대서특필했다. 많은 사람의 공감을 일으킨 역사적인 '몸 언어'였다.

 말보다 더 깊은 언어, 그것은 몸으로 말하는 것이다. 김대중은 말할 수 없는 순간에 침묵하는 법을 알았고, 말해도 소용없는 순간에 울 줄 아는 용기를 가졌다. 김대중은 몸 언어로도 세상을 안았다. 그의 몸 언어는 메시지 이전의 메시지였다. 그것은 인간적이었고, 동시에 가장 정치적이었다.

이재명의 몸 언어,

낮은 자세와 눈 맞춤

몸은 가장 빠르고 강력한 언어다. 말보다 먼저 다가가고, 더 강한 이미지로 남는다. 이재명은 말이 빠른 정치인이다. 하지만 그보다 더 빨리 다가가는 것은 그의 몸이다. 그는 시민을 만나면 말하기보다 먼저 고개를 숙이고, 무릎을 꿇고, 손을 맞잡는다. 그리고 수첩을 꺼내든다. 그 작은 행동이 무한한 신뢰를 만든다. 그의 몸 언어는 꾸밈이 없다. 포장되지 않은 생동감이 넘친다. 정치적 계산 없이 드러내는 반사적 움직임, 그 몸 언어에서 사람들은 이재명의 본심과 진심을 읽어낸다.

2021년 대선 예비후보 시절, 전통시장을 방문한 이재명은 장사를 하던 노인의 발 앞에서 무릎을 꿇고 고개를 숙였다. 그 순간을 포착한 사진은 큰 반향을 일으켰다. 그 장면은 연출이 아니었다. 그는 자주 바닥에 앉고, 어르신과 눈높이를 맞추며 무릎을 꿇었다. 그의 무릎꿇음은 권위의 붕괴가 아니라, 정치적 거리의 제거를 뜻한다. 그 낮춤이 사람의 마음을 연다.

2025년 6월 4일, 이재명은 국회에서 21대 대통령 선서식을 마치자마자 국회 청소 노동자들을 찾았다. 한 사람 한 사람과 악수하고 무릎을 굽혀 쪼그려 앉아 단체 사진을 찍었다. 현장에 있었던 사람들은 물론, 그 장면을 지켜본 많은 사람이 울컥했다.

 이재명의 캠페인은 무대 위가 아니라 길 위에 있다. 도로와 시장과 좁은 골목이다. 그곳에서 그는 시민과 1초, 아주 짧은 눈 맞춤을 반복한다. 그는 말에 앞서 눈을 먼저 맞추고, 미소로 반응한다. 이 '단 1초'가 시민에게는 "이재명이 나를 본다"는 느낌을 준다. 친밀한 믿음의 감정을 남긴다. 이재명은 연설 도중에도 자주 청중 한 명 한 명을 응시한다. 그 사람의 시선과 표정을 따라가며 말의 강도를 조절한다.

이재명의 몸은 '거리의 감정'을 읽고 반응하는 센서다. 그는 맞잡은 시민의 손이 차가운지 따뜻한지, 힘든지 편안한지를 금세 느낀다. 그래서 그는 장갑을 벗고, 손에 손을 감싸 쥔다. 그의 손과 몸은 감정의 레이더이자 체온계다. 어깨를 두드리고, 고개를 몇 번 끄덕이며, "나는 당신의 말을 경청하고 있다"는 신호를 보낸다. 그 응답은 공감으로 돌아오기 마련이다. 가장 직접적이고도 효과적인 정치 언어 기술이다.

이재명의 몸은 설명이 아니라 응답이다. 그 응답은 말이 아니라, 무릎, 눈, 손, 어깨를 통해 표현된다. 그의 몸은 사람 사이의 거리를 좁혀준다. 가깝게 밀착된 거리 안에서 사람과 사람이 만날 수 있다는 믿음을 안겨준다. 정치판에서 찾아보기 어려운, 유례없는 '희망의 공간'을 만든다.

단식과 침묵,
자신의 고통을 드러내는 몸 언어

정치인은 감추는 것을 예사로 아는 사람이다. 대다수 정치인은 보통 자신의 흠결과 연약함을 감추는 데 익숙하다. 힘 있어 보이고, 견고해 보이고, 흔들리지 않아 보이려 한다. 그러나 김대중과 이재명은 달랐다. 그들은 자신의 고통을 감추지 않았다. 오히려 그 고통을 거침없이 드러냄으로써 국민에게 다가갔다. 그것은 동정을 구하는 행동이 아니라, 공감과 진실을 나누는 소통 방식이었다.

김대중은 대식가다. 배고픔을 못 참는 사람이다. 중국 음식을 즐기고, 통닭을 특히 좋아한다. 평민당 출입 기자 시절, 그만 혼자 있는 총재실에 들어가면 거의 틀림없이 통닭을 먹고 있다. 팥이 들어간 아이스크림도 좋아했다. 별안간 들어온 나에게 어쩔 수 없이 한 조각 통닭이나 아이스크림을 권하면서도 아까운 눈빛을 숨기지 못했다.

이재명은 거리 유세 중에 길거리 떡볶이, 노점 상인의 붕어빵, 국무회의에서 공무원들과 김밥을 즐겨먹는다. 시장통에서 건네받은 삶은 달걀을 우적우적 맛있게 먹는 모습을 보면 무슨 '먹방'처럼 보인다. 하지먼 그 먹방은 단지 배고픈 배를 채우는 것이 아니다. 시장 골목 사람들의 삶의 고단함을 함께 씹어 먹는 정치 퍼포먼스다.

정치인의 몸 언어에서 가장 강력한 것이 '단식'이다. 정치의 마지막 호소는 몸으로 하는 것인데, 그 마지막 몸 언어가 단식이다. 말이 배제되고 거부당할 때, 몸으로 할 수 있는 일이라곤 이 길밖에 없다. 단식은 말보다 절박하고, 더 오래 남는 '바디 메시지'다.

그토록 배고픔을 못 참는 김대중도 여러 차례 단식을 감행했다. '굶어 죽기'를 각오한 것이다. 특히 1990년 3당 합당 반대와 지방자치제 실시를 위한 단식은 그의 정치적 결단을 온몸으로 드러낸 대표적 사건이었다.

나의 단식 투쟁은 정국의 핵이었다. 나라 안팎의 관심이 쏟아졌다. 단식 8일째 탈수 현상이 심했다. 당직자와 비서들이 놀라서 나를 세브란스 병원으로 옮겼다. 하지만 나는 병원에서도 단식을 멈추지 않았다.

— 김대중, 《김대중 자서전 1》

나는 이때도 현장 취재 기자였다. 당시 내가 지켜본 김대중의 단식은 '승리'를 목표로 한 몸짓이 아니었다. 그것은 '패배'를 감수하고 죽더라도 원칙을 지키려는 처절한 몸의 언어였다. 김대중은 단식 중 기자회견도 거절했다. 내가 여러 차례 요청한 인터뷰도 하지 않았다. 그는 오로지 굶고 침묵했다. 그의 단식과 침묵은 말보다 더 많은 것을 말했고, 그 속에서 국민은 그의 진심을 읽었다.

심각한 권력사유화, 국정농단의 대한민국이 무너지고 있습니다.

— 이재명, 단식 첫날 SNS 발표문(2023.08.31.)

이재명도 절체절명의 상황에서는 여지없이 단식을 선택했다. 2023년 8월 31일, 이재명은 윤석열 정부의 폭력적 탄압과 퇴행적 국정운영을 규탄하며 단식을 선언했다. 그는 당대표실 앞 천막에서 무려 24일간 음식을 거부했다. 정말이지 굶어 죽기를 각오하지 않으면 이토록 긴 기간의 단식을 하기 어렵다. 목숨을 건 저항이었다.

이재명의 단식은 저항과 항의의 수단만이 아니었다. 자신의 정치 신념과 존재 전체를 국민 앞에 던지는 희생의 의지 표현이었다. 그도 단식 중에 인터뷰 대신 침묵을 선택했고, 그 침묵은 갈수록 말보다 더 큰 파장을 일으켰다. 단식 23일 차 병원 이송 직전, 입이 굳게 닫힌 그의 표정은 그 어떤 백 마디 언어보다 더 강력했고 정치적이었다.

단식에 따른 몸의 소진은 그 절박함으로 말보다 오래 기억되었다. 국민은 그들의 말을 기억하는 것이 아니라, 그들의 깡마른 얼굴, 거친 수염, 형형한 눈빛, 그리고 종종 힘에 겨워 흔들리는 몸의 떨림을 기억한다. 단식과 침묵은 몸의 언어의 절정이다. 김대중은 절박한 순간에 단식으로 양심을 울렸고, 이재명은 파국에 가까울 때 단식으로 정의를 외쳤다. 두 사람 모두 정치의 최후 수단으로 감행한 마지막 절규가 단식이었다.

에필로그 1

김대중과 이재명. 그들은 말로만 정치를 하지 않았다. 그들의 눈은 시대를 응시했고, 말은 시대를 흔들었으며, 글은 시대를 증언했고, 몸은 시대를 건넜다. 그 언어는 단순한 도구가 아니었다. 그것은 시대를 비추는 LED였다.

Look — 그들은 보았다. 민중의 눈을 피해 가지 않았고, 가장 아픈 곳을 응시했다. 김대중은 감옥에서, 재판장에서, 망월동 묘역에서 시대를 바라보았다. 이재명은 시장에서, 골목에서, 눈 맞춤으로 그 시대 사람의 마음을 바라보았다. 그들이 바라본 눈의 방향에 시대와 사람이 있었다.

Expression — 그들은 말했다. 말은 때로 칼이었고, 방패였고, 등불이었다. 김대중은 품격과 연민으로 말했고, 이재명은 인격과 감성으로 말했다. 그들의 말은 단지 설득이 아니라, 정신을 흔드는 발화였다.

Deed — 그들은 몸으로 말했다. 단식했고, 침묵했고, 울었고, 무릎을 꿇었고, 병원으로 실려 갔다. 그 몸의 언어는 말보다 더 많은 것을 남겼다. 몸이 먼저 진심을 말했다.

말은 혀끝의 칼이다. 잘 쓰면 사람을 살리고 잘못 쓰면 사람을 죽인다. 말은 다리다. 사람과 사람의 마음을 잇는 다리, 상처 입은 마음을 건너가는 다리, 사람을 살리는 다리다.
　글은 삶이다. 땀, 눈물, 꿈, 기쁨과 슬픔 속에서 태어난다. 땀 흘리고 눈물 쏟고 꿈을 꾸고 기쁨과 슬픔에 흔들리면서 글은 기록된다. 한 번 기록된 글은 역사가 된다. 미래를 준비하는 또 하나의 자궁이다.

쓰다 보니 김대중, 이재명의 좋은 점만을 기록한 '김이어천가'가 된 듯도 하다. 그러나 김대중, 이재명은, 내가 굳게 믿기로는 대한민국 현대 역사가 빚어낸 '위대한 지도자'임에 분명하다. 그들의 단점이나 흠결은 내가 언급할 몫이 아니다.

우리는 앞으로도 많은 정치인과 대통령을 만나게 될 것이다. 그러나 이 두 사람처럼 자신의 눈, 말, 글, 몸으로 세상을 움직이는 지도자가 또 있을까 싶다. 그들처럼 자신이 말한 것을 삶으로 증명하려 했던 사람을 얼마나 더 만날 수 있을지는 모르겠다. 그런 지도자가 또 나오기를 간절히 소망한다.

말은 현장에서 사라지지만 글은 남는다. 그 말과 글이 진심이었다면, 역사의 벽면에 작은 불빛으로 남아 다음 세대를 위한 길을 비춘다. 우리는 지금, 그 불빛을 따라 걷고 있다. 두 사람의 언어에서 우리는 어떤 역사와 민주주의를 배울 것인가.

에필로그 2

인물은 인물을 알아본다. 김대중 대통령이 지금 살아계신다면 이재명 대통령을 어떻게 생각할까. 무어라고 말해줄까. 김대중 대통령이 남긴 글을 읽다가 어쩌면 이 말은 이재명 대통령에게 하는 말일 수 있겠다 싶은 구절을 발견했다. 원문 그대로 이 자리에 옮겨 적는다.

김대중이 이재명에게

지도자는 설사 개인적으로는 선량하더라도 무능하다는 것이 얼마나 큰 죄인인가를 깨닫게 됩니다. 고종은 인간으로서는 착하고 선인이었지만, 너무나 무능하고 주관이 없는 데다 겁이 많았던 것 같습니다. 왕조의 멸망에는 여러 가지 이유가 있지만, 만일 우리가 같은 시기에 일본이 명치유신을

전후해서 가졌던 인재나 네루의 독립전쟁 당시 같은 인물의
배출이 있었던들 그렇게 간단히 망하지는 않았을 것입니다.
우리의 바람직한 인물은 첫째, 투철한 역사의식과 명민한
통찰력으로 나라의 갈 길을 정립하고, 둘째, 민의를 하늘의
뜻으로 받들 뿐 아니라 국민의 모든 분야에의 참여를 적극
조장해서 국민이 자기 힘으로 자기 운명을 개척하도록 하며,
셋째, 도량과 자제와 끈기로서 대립된 의견과 이해를
조정하며, 넷째, 근면, 성실, 헌신으로 자기 임무를 수행하며,
다섯째, 젊은이들에게 희망과 의욕과 참여의식을 고취하는
지도자여야 할 것입니다.

— 김대중, 《옥중서신 1》

이재명이 김대중에게

어느 때보다도 '김대중 정신'이 절실한 오늘.
흘러간 세월의 깊이만큼 그리움과 존경심이 두텁게 쌓여가는
사람이 있습니다. 15년이 지났음에도 여전히 김대중
대통령님이 그리운 까닭은 우리 모두 거인께서 온몸을 던져
열어젖힌 새로운 시대에 살아가고 있기 때문이겠지요. 김대중
대통령께서 민주주의와 인권, 평화를 위해 싸운 투사이자

나라의 미래를 설계한 유능한 살림꾼이었습니다. 이상을 잃지 않되 현실에 뿌리내려 국민의 삶을 바꿔야 한다는 '서생적 문제의식과 상인적 현실감각'의 가르침. 제가 자주 강조했던 '먹사니즘'의 뿌리이기도 합니다.

여전히 거인의 삶에 답이 있습니다. 민주당을 서민과 중산층의 당으로 바로 세우고 전대미문의 경제 위기를 이겨낸 유능함, 위기 속에서 복지국가와 문화강국의 초석을 닦고, 새로운 성장동력을 만들었던 혜안까지, 김대중의 길이 민주당의 길이고 대한민국이 나아가야 할 미래입니다.

지치고 흔들릴 때마다 모진 고난에 맞서 끝끝내 인동초의 꽃을 피워낸 대통령님의 삶을 기억하겠습니다. 시대를 앞선 용기와 결단으로 마침내 스스로 길이 된 거인의 결기를 잊지 않겠습니다.

— 이재명, 페이스북(2024.08.18.)

부록

김대중 대통령 취임사

이재명 대통령 취임사

김대중 대통령 취임사

1998.02.25

존경하고 사랑하는 국민 여러분!

오늘 저는 대한민국 제15대 대통령에 취임하게 되었습니다. 정부수립 50년 만에 처음 이루어진 여야 간 정권교체를 여러분과 함께 기뻐하면서, 온갖 시련과 장벽을 넘어 진정한 '국민의 정부'를 탄생시킨 국민 여러분께 찬양과 감사의 말씀을 드리는 바입니다.

그리고 저의 취임을 축하하기 위해 이 자리에 함께 해주신 김영삼 전임 대통령, 폰 바이체커 독일 전 대통령, 코라손 아키노 필리핀 전 대통령, 후안 안토니오 사마란치 IOC위원장 등 내외 귀빈을 비롯한 참석자 여러분께도 깊이 감사드립니다.

오늘 이 취임식의 역사적인 의미는 참으로 크다고 할 것입니다. 오늘은 이 땅에서 처음으로 민주적 정권교체가 실현되는 자랑스러운 날입니다. 또한 민주주의와 경제를 동시에 발전시키려는 정부가 마침내 탄생하는 역사적인 날이기도 합니다.

　이 정부는 국민의 힘에 의해 이루어진 참된 '국민의 정부'입니다. 모든 영광과 축복을 국민 여러분께 드리면서, 제 몸과 마음을 다 바쳐 봉사할 것을 굳게 다짐하는 바입니다.

친애하는 국민 여러분!

　우리는 3년 후면 새로운 세기를 맞게 됩니다. 21세기의 개막은 단순히 한 세기가 바뀌는 것만이 아니라, 새로운 혁명의 시작을 말합니다. 지구상에 인간이 탄생한 인간혁명으로부터 농업혁명, 도시혁명, 사상혁명, 산업혁명의 5대 혁명을 거쳐 인류는 이제 새로운 혁명의 시대로 들어서고 있는 것입니다.

　세계는 지금, 유형의 자원이 경제발전의 요소였던 산업사회로부터, 무형의 지식과 정보가 경제발전의 원동력이 되는 지식정보사회로 나아가고 있습니다. 정보화 혁명은 세계를 하나의 지구촌으로 만들어, 국민경제시대로부터 세계경제시대로의 전환을 이끌고 있습니다. 정보화 시대는 누구나, 언제나, 어디서나, 손쉽고 값싸게 정보를 얻고 이용할 수 있는 시대를 말합니다. 이는 민주사회에서만 가능합니다.

우리는 이와 같은 문명사적 대전환기를 맞아 새로운 도전에 전력을 다하여 능동적으로 대응해야 합니다. 그러나 불행하게도 이 중차대한 시기에 우리에게는 6·25 이후 최대의 국난이라고 할 수 있는 외환위기가 닥쳐왔습니다. 잘못하다가는 나라가 파산할지도 모를 위기에 우리는 당면해 있습니다. 막대한 부채를 안고, 매일같이 밀려오는 만기외채를 막는 데 급급하고 있습니다.

참으로 어이없는 일이 아닐 수 없습니다. 우리가 이나마 파국을 면하고 있는 것은 애국심으로 뭉친 국민 여러분의 협력과 국제통화기금, 세계은행, 아시아개발은행, 그리고 미국, 일본, 캐나다, 호주, EU국가 등 우방들의 도움 덕택입니다.

올 한 해 동안 물가는 오르고, 실업은 늘어날 것입니다. 소득은 떨어지고, 기업의 도산은 속출할 것입니다. 우리 모두는 지금 눈물과 고통을 요구받고 있습니다. 도대체 우리가 어찌해서 이렇게 되었는지 냉정하게 돌이켜 봐야 합니다. 정치, 경제, 금융을 이끌어온 지도자들이 정경유착과 관치금융에 물들지 않았던들, 그리고 대기업들이 경쟁력 없는 기업들을 문어발처럼 거느리지 않았던들, 이러한 불행한 일은 일어나지 않았을 것입니다.

잘못은 지도층들이 저질러놓고 고통은 죄 없는 국민이 당하는 것을 생각할 때 한없는 아픔과 울분을 금할 수 없습니다. 이러한 파탄의 책임은 국민 앞에 마땅히 밝혀져야 할 것입니다.

존경하는 국민 여러분!

오늘의 어려움 속에서도 국민 여러분께서는 놀라운 애국심과 저력을 발휘하셨습니다. 우리는 IMF시대의 충격 속에서도 여야 간 평화적 정권교체의 위업을 이룩하였습니다.

국민 여러분은 나라의 위기를 극복하기 위해 '금 모으기'에 나섰고 이미 20억 달러가 넘는 금을 모아주셨습니다. 저는 황금보다 더 귀중한 국민 여러분의 애국심을 한없이 자랑스럽게 생각합니다. 여러분 감사합니다.

한편 우리 근로자들은 자기 생활의 어려움도 무릅쓰

고 자발적으로 임금을 동결하는 등 고통분담에 동참하고 있습니다. 기업은 수출에 전력을 다함으로써 지난 3개월간 연속해서 큰 규모의 경상수지 흑자를 내고 있습니다. 이러한 한국인의 애국심과 저력에 대해 세계가 경탄하고 있습니다.

　노동자와 사용자, 그리고 정부는 대화를 통한 대타협으로 국난극복의 주춧돌을 놓았습니다. 이 얼마나 자랑스러운 일입니까. 저는 이 일을 이루어낸 노사정 대표 여러분께 국민과 함께 큰 박수를 보내고 싶습니다.

　국회의 다수당인 야당 여러분에게 간절히 부탁드립니다. 오늘의 난국은 여러분의 협력 없이는 결코 극복할 수 없습니다. 저도 모든 것을 여러분과 같이 상의하겠습니다. 나라가 벼랑 끝에 서 있는 금년 1년만이라도 저를 도와주셔야 하겠습니다. 저는 온 국민이 이를 바라고 있다고 믿습니다.

친애하는 국민 여러분!

　지금 이 나라는 정치, 경제, 사회, 외교, 안보 그리고 남북문제 등 모든 분야에서 좌절과 위기에 처해 있습니다. 이를 극복하기 위해서는 총체적인 개혁이 이루어져야 합니다. 무엇보다 정치개혁이 선행되어야 합니다. 국민이 주인대접을 받고 주인역할을 하는 참여민주주의가 실현되어야 하겠습니다. 그래야만 국정이 투명하게 되고 부정부패도 사라집니다.

저는 '국민에 의한 정치' '국민이 주인 되는 정치'를 국민과 함께 반드시 이루어내겠습니다. '국민의 정부'는 어떠한 정치보복도 하지 않겠습니다. 어떠한 차별과 특혜도 용납하지 않겠습니다. 다시는 무슨 지역 정권이니 무슨 도(도)차별이니 하는 말이 없도록 하겠다는 것을 굳게 다짐합니다.

정부가 고통분담에 앞장서서 효율적인 정부를 만들겠습니다. 중앙정부에 집중된 권한과 기능을 민간과 지방자치단체에 대폭 이양하겠습니다. 그러나 국민의 생명과 재산을 지키는 데에는 더욱 힘쓰겠습니다. 환경을 보존하고 복지를 증진시키는 데 적극 노력하겠습니다. '작지만 강력한 정부', 이것이 '국민의 정부'가 지향하는 목표입니다.

'국민의 정부'가 당면한 최대의 과제는 우리의 경제적 국난을 극복하고 우리 경제를 재도약시키는 일입니다. '국민의 정부'는 민주주의와 경제발전을 병행시키겠습니다. 민주주의와 시장경제는 동전의 양면이고 수레의 양 바퀴와 같습니다. 결코 분리해서는 성공할 수 없습니다. 민주주의와 시장경제를 다 같이 받아들인 나라들은 한결같이 성공했습니다.

그러나 민주주의를 거부하고 시장경제만 받아들인 나라들은 나치즘 독일과 군국주의 일본에서 보여준 바와 같이 참담한 좌절을 당하고 말았습니다. 이들 나라도 2차 대전 후 민주주의와 시장경제를 같이 받아들여 오늘과 같은 자유와 번영을 누리게 되었습니다. 민주주의와 시장경제가 조화를 이루면서 함께 발전하게 되면 정경유착이나, 관치금융, 그리고 부정부패는 일어날 수 없습니다.

저는 우리가 겪고 있는 오늘의 위기는, 민주주의와 시장경제를 병행해서 실천함으로써 극복할 수 있다고 확신합니다. 경제를 살리기 위해서는 먼저 물가를 잡아야 합니다. 물가안정 없이는 어떠한 경제 정책도 성공할 수 없습니다. 대기업과 중소기업을 똑같이 중시하되, 대기업은 자율성을 보장하고 중소기업은 집중적으로 지원함으로써 양자가 다 같이 발전해나가도록 하겠습니다.

또한 철저한 경쟁의 원리를 지켜나갈 것입니다. 세계에서 가장 품질 좋고 가장 값싼 상품을 만들어 외화를 많이 벌어들이는 기업인이 존경받는 나라를 만들겠습니다. 기술입국의 소신을 가지고, 21세기 첨단산업시대에 기술강국으로 등장할 수 있는 정책을 과감히 추진해 나가겠습니다.

벤처기업은 새로운 세기의 꽃입니다. 이를 적극 육성하여 고부가가치의 제품을 만들어 경제를 비약적으로 발전시켜야 합니다. 벤처기업은 많은 일자리를 창출해서 실업문제를 해소하는데도 크게 이바지할 것입니다.

'국민의 정부'가 대기업과 이미 합의한 5대 개혁, 즉 기업의 투명성, 상호지급보증의 금지, 건전한 재무구조, 핵심기업의 설정과 중소기업에 대한 협력, 그리고 지배주주와 경영자의 책임성 확립은 반드시 관철될 것입니다. 이것만이 기업이 살고 우리 경제가 다시 도약할 수 있는 길입니다. 정부는 기업의 자율성을 철저히 보장하겠습니다. 그러나 기업의 자기개혁 노력도 엄격히 요구할 것입니다.

'국민의 정부'는 수출 못지않게 외국자본의 투자유치에 힘쓰겠습니다. 외자유치야말로 외채를 갚고, 국내기업들의 경쟁력을 강화하며, 우리 경제의 투명성을 높이는 가장 효과적인 길입니다.

농업을 중시하고 특히 쌀의 자급자족은 반드시 실현

시켜야 합니다. 농어가 부채경감, 재해보상, 농축수산물 가격의 보장, 그리고 농촌 교육여건의 우선적 개선 등 농어민의 소득과 복지를 향상시키기 위한 정책을 강력히 추진하겠습니다.

애국심과 의욕에 충만한 자랑스러운 국민 여러분과 같이 올바른 경제개혁을 추진해 나간다면, 우리 경제는 오늘의 난국을 반드시 극복하고 내년 후반부터는 새로운 활로를 개척해나갈 수 있다고 저는 확실히 믿어 의심치 않습니다.

친애하는 국민 여러분!

저를 믿고 적극 도와주십시오. 국민 여러분의 기대에 반드시 부응해내겠습니다.

국민 여러분! 건강한 사회를 위한 정신의 혁명이 필요합니다. 인간이 존중되고 정의가 최고의 가치로 강조되는 정신혁명 말입니다. 바르게 산 사람이 성공하고 그렇지 못한 사람은 실패하는 그런 사회가 반드시 이루어져야 합니다. 고통도 보람도 같이 나누고, 기쁨도 함께해야 합니다. 땀도 같이 흘리고 열매도 함께 거둬야 합니다.

저는 이러한 정신혁명과 바른 사회의 구현에 모든 것

을 바쳐 앞장서겠습니다.

　노인이나 장애인들도 일할 능력이 있는 사람에게는 일을 주고 그렇지 못한 사람은 따뜻하게 감싸주어야 합니다. 저는 소외된 사람들의 눈물을 닦아주고 한숨짓는 사람에게 용기를 북돋아주는 그런 '국민의 대통령'이 되겠습니다.

　우리 민족은 높은 교육수준과 찬란한 문화적 전통을 가진 민족입니다. 우리 민족은 21세기의 정보화 사회에 큰 저력을 발휘할 수 있는 우수한 민족입니다. 새 정부는 우리의 자라나는 세대가 지식정보사회의 주역이 되도록 힘쓰겠습니다. 초등학교부터 컴퓨터를 가르치고 대학입시에서도 컴퓨터 과목을 선택할 수 있도록 하겠습니다. 세계에서 컴퓨터를 가장 잘 쓰는 나라를 만들어 정보대국의 토대를 튼튼히 닦아나가겠습니다.

　교육개혁은 오늘날 우리 사회가 안고 있는 산적한 문제를 해결하는 핵심적인 과제입니다. 대학입시 제도를 획기적으로 개혁하고 능력위주의 사회를 만들겠습니다. 청소년들은 과외로부터 해방되고, 학부모들은 과중한 사교육비로부터 벗어나게 하겠습니다. 지식과 인격과 체력을 똑같이 중요시하는 지·덕·체의 전인교육을 실현시키겠습니다.

이러한 교육개혁은 만난을 무릅쓰고라도 반드시 성취하겠다는 것을 저는 이 자리를 빌려 굳게 다짐합니다.

우리는 민족문화의 세계화에 힘을 쏟아야 합니다. 우리의 전통문화 속에 담겨 있는 높은 문화적 가치를 계승 발전시키겠습니다. 문화산업은 21세기의 기간산업입니다. 관광산업, 회의체산업, 영상산업, 문화적 특산품 등 무한한 시장이 기다리고 있는 부의 보고입니다.

중산층은 나라의 기본입니다. 봉급생활자, 중소기업 그리고 자영업자 등 중산층이 안정되고 행복한 삶을 누릴 수 있도록 최선의 노력을 기울이겠습니다.

'국민의 정부'는 여성의 권익보장과 능력개발을 위해서 적극 힘쓰겠습니다. 가정에서나 사회에서나 직장에서나 남녀차별의 벽은 제거되어야 합니다.

청년은 나라의 희망이자 힘입니다. 그들을 위한 교육과 문화, 그리고 복지의 향상을 위해서 정부는 아낌없는 지원 대책을 세워 나가겠습니다.

친애하는 국민 여러분!

21세기는 경쟁과 협력의 세기입니다. 세계화 시대의 외교는 냉전 시대와는 다른, 발상의 전환을 요구하고 있습니다. 21세기 외교의 중심은 경제와 문화로 옮겨갈 것입니다. 협력 속에 이루어지는 무한경쟁 시대를 헤쳐 나가기 위해 무역, 투자, 관광, 문화교류를 확대해 나가겠습니다.

우리의 안보는 자주적 집단안보가 되어야 합니다. 국민적 단결과 사기 넘치는 강군을 토대로 자주적 안보태세를 강화하겠습니다. 동시에 한미안보체제를 더욱 굳건히 다지는 등의 집단안보를 결코 소홀히 하지 않겠습니다. 한반도에서의 평화구축을 위해 4자회담을 반드시 성공시키는데 적극 노력하겠습니다.

남북관계는 화해와 협력 그리고 평화정착에 토대를 두고 발전시켜 나가야 합니다. 분단 반세기가 넘도록 대화와 교류는커녕 이산가족이 서로 부모형제의 생사조차 알지 못하는 냉전적 남북관계는 하루빨리 청산되어야 합니다. 1천3백여 년간 통일을 유지해온 우리 조상들에 대해서도 한없는 죄책감을 금할 길이 없습니다.

남북문제 해결의 길은 이미 열려 있습니다. 1991년 12월 13일에 채택된 남북기본합의서의 실천이 바로 그것입니다. 남북 간의 화해와 교류협력과 불가침, 이 세 가지 사항에 대한 완전한 합의가 이미 남북한 당국 간에 이루어져 있습니다. 이것을 그대로 실천만 하면 남북문제를 성공적으로 해결하고 통일에의 대로를 열어 나갈 수 있습니다.

저는 이 자리에서 북한에 대해 당면한 3원칙을 밝히고자 합니다.

첫째, 어떠한 무력도발도 결코 용납하지 않겠습니다.

둘째, 우리는 북한을 해치거나 흡수할 생각이 없습니다.

셋째, 남북 간의 화해와 협력을 가능한 분야부터 적극적으로 추진해 나갈 것입니다.

남북 간에 교류협력이 이루어질 경우, 우리는 북한이 미국, 일본 등 우리의 우방국가나 국제기구와 교류협력을 추진해도 이를 지원할 용의가 있습니다.

새 정부는 현재와 같은 경제적 어려움에도 불구하고 북한의 경수로 건설과 관련한 약속을 이행할 것입니다. 식량도 정부와 민간이 합리적인 방법을 통해서 지원하는 데 인색하지 않겠습니다.

저는 북한 당국에게 간곡히 호소합니다. 수많은 이산가족들이 나이 들어 차츰 세상을 떠나고 있습니다. 하루빨리 남북의 가족들이 만나고 서로 소식을 전하도록 해야 합니다. 이 점에 관해서 최근 북한이 긍정적인 조짐을 보이고 있는 점을 예의 주목하고 있습니다. 그리고 문화와 학술의 교류, 정경분리에 입각한 경제교류도 확대되기를 희망합니다.

저는 남북기본합의서에 의한 남북 간의 여러 분야에서의 교류가 실현되기를 바랍니다. 우선 남북기본합의서의 이행을 위한 특사의 교환을 제의합니다. 북한이 원한다면 정상회담에도 응할 용의가 있습니다.

새 정부는 해외동포들과의 긴밀한 유대를 강화하고 그들의 권익을 보호하기 위해서 적극적인 노력을 기울일 것입니다. 우리는 해외동포들이 거주국 시민으로서의 권리와 의무를 다하면서 한국계로서 안정과 긍지를 가질 수 있도록 적극 돕겠습니다.

존경하고 사랑하는 국민 여러분!

지금 우리는 전진과 후퇴의 기로에 서 있습니다. 우리를 가로막고 있는 고난을 딛고 힘차게 전진합시다. 국난극복과 재도약의 새로운 시대를 열어갑시다.

반만년 역사가 우리를 지켜보고 있습니다. 조상들의 얼이 우리를 격려하고 있습니다. 민족수난의 굽이마다 불굴의 의지로 나라를 구한 자랑스러운 선조들처럼, 우리 또한 오늘의 고난을 극복하고 내일에의 도약을 실천하는 위대한 역사의 창조자가 됩시다. 오늘의 위기를 전화위복의 계기로 삼읍시다.

우리 국민은 해낼 수 있습니다. 6·25의 폐허에서 일어선 역사가 그것을 증명합니다. 제가 여러분의 선두에 서겠습니다. 우리 다 같이 손잡고 힘차게 나아갑시다. 국난을 극복합시다. 재도약을 이룩합시다.

그리하여, 대한민국의 영광을 다시 한번 드높입시다.

감사합니다.

이재명 대통령 취임사

2025.06.05.

존경하고 사랑하는 국민 여러분,

여러분이 선택해 주신 대한민국 제21대 대통령 이재명 인사드립니다.

한없이 무거운 책임감과 한없이 뜨거운 감사함으로 이 자리에 섰습니다.

5,200만 국민이 보내주신 5,200만 가지 열망과 소망을 품고 오늘부터 저는 대한민국 21대 대통령으로서 진정한 민주공화국, 진정한 대한민국을 향한 첫 발을 내딛습니다.

미래가 우리를 향해 손짓하고 있습니다. 벼랑 끝에 몰린 민생을 되살리고, 성장을 회복해 모두가 행복한 내일을 만들어갈 시간입니다.

정쟁 수단으로 전락한 안보와 평화, 무관심과 무능 무책임으로 무너진 민생과 경제, 장갑차와 자동소총에 파괴된 우리의 민주주의를 다시 일으켜 세울 시간입니다.

우리를 갈라놓은 혐오와 대결 위에 공존과 화해, 연대의 다리를 놓고, 꿈과 희망이 넘치는 국민행복 시대를 활짝 열어젖힐 시간입니다.

한강 작가가 말한 대로, 과거가 현재를 돕고, 죽은 자가 산자를 구했습니다. 이제는 우리가, 미래의 과거가 되어 내일의 후손들을 구할 차례입니다.

국민 앞에 약속드립니다.

깊고 큰 상처 위에 희망을 꽃피우라는 준엄한 명령과, 완전히 새로운 나라를 만들라는 그 간절한 염원에 응답하겠습니다. 이번 대선에서 누구를 지지했든 크게 통합하라는 대통령의 또 다른 의미에 따라, 모든 국민을 아우르고 섬기는 '모두의 대통령'이 되겠습니다.

대한민국은 오늘도 새로운 역사를 쓰고 있습니다.

식민지에서 해방된 나라 가운데 유일하게 산업화와 민주화에 성공한 나라, 세계 10위 경제력에 세계 5위의 막강한 군사력을 자랑하며 K-컬처로 세계문화를 선도하는 나라. 이 자랑스러운 동방의 한 나라가 이제는, 맨손의 응원봉으로 최고 권력자의 군사쿠데타를 진압하는 민주주의 세계사의 새 장을 열고 있습니다.

대한민국의 이 위대한 여정을, 대한국민의 이 위대한 역량을 전 세계인이 경이로움으로 지켜보고 있습니다. 오색 빛 혁명, K-민주주의는 위기에 처한 민주주의의 새 활로를 찾는 세계인들에게 뚜렷한 모범이 되었습니다.

사랑하는 국민 여러분,

우리는 지금 대전환의 분기점에 서 있습니다. 낡은 질서가 퇴조하고 새 질서, 문명사적 대전환이 진행 중입니다. 지금까지 겪어보지 못한 초과학기술 신문명시대, 눈 깜빡할 새 페이지가 넘어가는 인공지능 무한경쟁 시대가 열렸습니다.

기후위기가 인류를 위협하고, 산업 대전환을 압박합니다. 보호주의 확대와 공급망 재편 등 급격한 국제질서 변화는 우리의 생존 자체를 위협합니다. 변화에 뒤처져 끌려갈 것이 아니라 변화를 주도하며 앞서가면 무한한 기회를 누릴 수 있습니다.

그러나 안타깝게도, 이 중차대한 시기에 우리는 민생,

경제, 외교, 안보, 민주주의 모든 영역에서 엉킨 실타래처럼 겹겹이 쌓인 복합 위기에 직면했습니다. 대한민국의 현재와 미래가 동시에 위협받고 있습니다.

지친 국민의 삶을 구하고 민주주의와 평화를 복구하는 일, 성장을 회복하고 무너진 국격을 바로 세우는 일에는 짐작조차 힘들 땀과 눈물, 인내가 필요할 것입니다. 그러나 그늘진 담장 밑에서도 기필코 해를 찾아 피어나는 6월의 장미처럼, 우리 국민은 혼돈과 절망 속에서도 나아갈 방향을 찾았습니다.

주권자 국민의 뜻을 침로로 삼아 험산을 넘고 가시덤불을 헤치고서라도 반드시 앞으로 전진하겠습니다. 민생 회복과 경제 살리기부터 시작하겠습니다. 불황과 일전을 치르는 각오로 비상경제대응 TF를 곧바로 지금 즉시 가동하겠습니다. 국가 재정을 마중물로 삼아 경제의 선순환을 되살리겠습니다.

이제 출범하는 민주당정권 이재명정부는 정의로운 통합정부, 유연한 실용정부가 될 것입니다. 통합은 유능함의 지표이며, 분열은 무능의 결과입니다. 국민 삶을 바꿀 실력도 의지도 없는 정치세력들이 권력유지를 위해 국민을 편 가르고 혐오를 심는 것입니다.

　분열의 정치를 끝낸 대통령이 되겠습니다. 국민통합을 동력으로 삼아 위기를 극복하겠습니다. 민생, 경제, 안보, 평화, 민주주의 등 내란으로 무너지고 잃어버린 그 모든 것들을 회복하고, 지속적으로 성장 발전하는 사회를 반드시 만들겠습니다.

　국민이 맡긴 총칼로 국민주권을 빼앗는 내란은, 이제 다시는 재발해선 안 됩니다. 철저한 진상규명으로 합당한 책임을 묻고, 재발방지책을 확고히 세우겠습니다.

　공존과 통합의 가치 위에 소통과 대화를 복원하고, 양보하고 타협하는 정치를 되살리겠습니다.

　낡은 이념은 이제 역사의 박물관으로 보냅시다. 이제부터 진보의 문제란 없습니다. 이제부터 보수의 문제도 없습니다. 오직 국민의 문제, 대한민국의 문제만 있을 뿐입니다.

　박정희 정책도, 김대중 정책도, 필요하고 유용하면 구별 없이 쓰겠습니다. 이재명정부는 실용적 시장주의 정부가 될 것입니다. 통제하고 관리하는 정부가 아니라 지원하고 격려하는 정부가 될 것입니다.

　창의적이고 능동적인 기업 활동을 보장하기 위해 규

제는 네거티브 중심으로 변경할 것입니다. 기업인들이 자유롭게 창업하고 성장하며 세계시장에서 경쟁할 수 있도록 정부가 든든하게 뒷받침하겠습니다.

한편으로 국민의 생명과 안전, 노동자의 정당한 권리를 위협하고, 부당하게 약자를 억압하며, 주가조작 같은 불공정거래로 시장 질서를 위협하는 등, 규칙을 어겨서 이익을 얻고 규칙을 지켜서 피해를 입는 것은 결코 허용하지 않겠습니다.

모든 국민의 기본적 삶의 조건이 보장되는 나라, 두터운 사회 안전 매트로 위험한 도전이 가능한 나라여야 혁신도 새로운 성장도 비로소 가능합니다. 개인도, 국가도 성장해야 나눌 수 있습니다.

국익 중심의 실용외교를 통해 글로벌 경제·안보환경 대전환의 위기를 국익 극대화의 기회로 만들겠습니다. 굳건한 한미동맹을 토대로 한미일 협력을 다지고, 주변국과의 관계도 국익과 실용의 관점에서 접근하겠습니다. 외교의 지평을 넓히고, 국제적 위상을 높여 대한민국 경제영토를 확장해 나갈 것입니다.

존경하는 국민 여러분,

　위대한 빛의 혁명은 내란종식을 넘어 빛나는 새 나라를 세우라고 명령합니다. 희망의 새 나라를 위한 국민의 준엄한 명령을 반드시 받들겠습니다.

첫째, 명실상부한 '국민이 주인인 나라'를 만들겠습니다.
　대한민국은 민주공화국이고, 주권은 대한국민에게 있습니다. 언제 어디서나 국민과 소통하며 국민의 주권의지가 일상적으로 국정에 반영되는 진정한 민주공화국을 만들겠습니다. 빛의 광장에 모인 사회대개혁 과제들을 흔들림 없이 차근차근 이행하겠습니다.

둘째, 다시 힘차게 성장 발전하는 나라를 만들겠습니다.
　기회와 자원의 불평등이 심화되고, 격차와 양극화가 성장을 가로막는 악순환이 계속되게 할 수 없습니다. 저성장으로 기회가 줄어드니, 함께 사는 경쟁 대신 네가 죽어야 내가 사는 전쟁만 남았습니다. 극한경쟁에 내몰린 청년들이 남녀를 갈라 싸우는 처참한 지경에 이르렀습니다. 경쟁 탈락이 곧 죽음인 불평등 사회가 갈라치기 정치를 만나 사회존속을 위협하는 극단주의를 낳았습니다.

새로운 성장 동력을 만들고, 성장의 기회와 결과를 함께 나누는 공정성장이 더 나은 세상의 문을 열 것입니다. 가난해도 논밭 팔아가며 자식들 공부시킨 부모 세대의 노력이 있었고 그 노력이 지금의 대한민국의 성공을 이끌었습니다. 정부가 나서 다가올 미래를 준비하고 지원하며 투자할 것입니다.

인공지능, 반도체 등 첨단 기술 산업에 대한 대대적 투자와 지원을 통해 미래를 주도하는 산업 강국으로 도약할 것입니다. 기후위기 대응이라는 세계적 흐름에 따라 재생에너지 중심사회로 조속히 전환하겠습니다. 에너지 수입 대체, RE100 대비 등 기업 경쟁력 강화에 더하여, 촘촘한 에너지고속도로 건설로 전국 어디서나 누구나 재생에너지를 생산할 수 있게 해 소멸위기 지방을 살리겠습니다.

셋째, 모두 함께 잘 사는 나라를 만들겠습니다.
자원이 부족했던 대한민국은 특정한 지역, 기업, 계층에 몰아 투자하는 불균형발전성장전략으로 세계 10위 경제대국으로 압축 성장 했습니다. 그러나 이제는 불균형성장전략이 한계를 드러내고, 불평등에 따른 양극화가 성장을 가로막는 지경에 이르렀습니다.

이제 지속적 성장을 위해서는 성장발전전략을 대대적으로 전환해야 합니다. 균형발전, 공정성장 전략, 공정사회로 나아가야 합니다. 수도권 집중을 벗어나 국토균형발전을 지향하고, 대·중·소·벤처기업과 스타트업이 유기적으로 협력하는 산업생태계를 만들고, 특권적 지위와 특혜가 사라진 공정사회로 전환해야 합니다.

성장의 기회와 과실을 고루 나누는 것이 지속성장의 길입니다. 성장과 분배는 모순관계가 아닌 보완관계인 것처럼, 기업 발전과 노동존중은 얼마든지 양립할 수 있습니다.

넷째, 문화가 꽃피는 문화강국으로 나아가겠습니다.

"오직 한없이 가지고 싶은 것은 높은 문화의 힘이다." 백범 김구선생의 꿈이 이제 현실이 되어 가고 있습니다.

K-팝부터 K-드라마, K-무비, K-뷰티에 K-푸드까지, 한국문화가 세계를 사로잡고 있습니다. 문화가 곧 경제이고, 문화가 국제 경쟁력입니다. 한국문화의 국제적 열풍을 문화산업 발전과 좋은 일자리로 연결시켜야 합니다.

대한민국의 문화산업을 더 크게 키우겠습니다. 적극적인 문화 예술지원으로 콘텐츠의 세계 표준을 다시 쓸 문화강국, 글로벌 소프트파워 5대 강국으로 도약할 것입니다.

다섯째, 안전하고 평화로운 나라를 만들겠습니다.

안전과 평화는 국민 행복의 대전제입니다. 안전이 밥이고, 평화가 경제입니다.

세월호, 이태원 참사, 오송지하차도 참사 등 사회적 참사의 진상을 명확히 규명하고, 다시는 국민의 생명과 재산이 위협받지 않는 안전사회를 반드시 건설하겠습니다.

분단과 전쟁의 상처를 치유하고 평화 번영의 미래를 설계하겠습니다. 아무리 비싼 평화도 전쟁보다 낫습니다. 싸워서 이기는 것보다, 싸우지 않고 이기는 것이 낫고, 싸울 필요 없는 평화가 가장 확실한 안보입니다.

북한 GDP의 2배에 달하는 국방비와 세계 5위 군사력에, 한미군사동맹에 기반한 강력한 억지력으로 북핵과 군사도발에 대응하되, 북한과의 소통 창구를 열고 대화 협력을 통해 한반도평화를 구축하겠습니다.

불법계엄으로 실추된 군의 명예와 국민의 군에 대한 신뢰를 회복하고, 다시는 군이 정치에 동원되지 않도록 하겠습니다.

사랑하고 존경하는 국민 여러분, 생사를 넘나드는 숱한 고비에도 오직 국민에 대한 믿음을 부여잡고 국민께서 이끌어주신 길을 따라 여기까지 왔습니다. 이제 국민께서 부여한 사명을 따라 희망을 찾아가겠습니다.

우리 국민은 하나일 때 강했고, 국민이 단합하면 어떤 역경이든 이겨냈습니다.

일제의 폭압에 3·1운동으로 맞서며 대한민국 임시정부를 수립했고, 분단의 아픔과 전쟁의 폐허 위에서 세계가 놀랄 산업화를 이뤄냈습니다.

엄혹한 독재에 맞서 민주주의를 쟁취했고, 세계사에 없는 두 번의 아름다운 무혈혁명으로 국민주권을 되찾았습니다.

우리 국민의 이 위대한 역량이라면, 극복하지 못할 위기는 없습니다.

높은 문화의 힘으로 세계를 선도하는 나라, 앞선 기술력으로 변화를 주도하는 나라, 모범적 민주주의로 세계의 귀감이 되는 대한민국. 우리 대한민국이 하면 세계의 표준이 될 것입니다.

존경하는 국민 여러분,

회복도 성장도 결국은 이 땅의 주인인 국민의 행복을 위한 것입니다.

모든 국가역량이 국민을 위해 온전히 쓰여지는 진정한 민주공화국을 만듭시다.

작은 차이를 넘어 서로를 인정하고 존중하며, 국민이 주인인 나라, 국민이 행복한 나라, 진짜 대한민국을 향해 함께 나아갑시다.

국가권력을 동원한 내란에 저항하고, 아름다운 빛으로 희망세상을 열어가는 국민 여러분이 이 역사적 대장정의 주역입니다.

대한민국 주권자의 충직한 일꾼으로서, 5,200만 국민의 삶과 국가의 미래를 위탁받은 대리인으로서 제21대 대한민국 대통령에게 주어진 책임을 충실히 이행하겠습니다.

고맙습니다.

참고 도서

김대중 저서

《김대중·나의 길 나의 사상》, 한길사, 1994년
《김대중 육성 회고록》, 한길사, 2024년
《김대중 자서전 1,2》, 삼인출판사, 2010년
《대중경제론》, 청사, 1986년
《옥중서신 1,2》(개정판3판), 시대의창, 2024년

이재명 저서

《결국 국민이 합니다》, 오마이북, 2025년
《그 꿈이 있어 여기까지 왔다》(개정판), 아시아, 2025년
《이재명, 대한민국 혁명하라》, 메디치, 2017년
《함께 가는 길은 외롭지 않습니다》(리커버 에디션), 위즈덤하우스, 2025년

기타

《이재명에 관하여》, 김민석, 메디치, 2025년

대통령의 언어
김대중·이재명의 눈·말·글·몸

초판 1쇄 2025년 7월 24일 발행
초판 2쇄 2025년 8월 6일 발행

지은이 고도원
펴낸이 김현종
출판본부장 안형태
책임편집 배소라 **편집** 최세정 진용주 황정원 김수진
디자인 조주희 **마케팅** 김예리 김인영
미디어·경영지원본부 신혜선 백범선 박윤수 이주리 문상철 신잉걸

펴낸곳 (주)메디치미디어
출판등록 2008년 8월 20일 제300-2008-76호
주소 서울특별시 중구 중림로7길 4
전화 02-735-3308 **팩스** 02-735-3309
이메일 medici@medicimedia.co.kr **홈페이지** medicimedia.co.kr
페이스북 medicimedia **인스타그램** medicimedia
유튜브 medici_media

ⓒ 고도원, 2025
ISBN 979-11-5706-459-5 (03800)

이 책에 실린 글과 이미지의 무단 전재·복제를 금합니다.
이 책 내용의 전부 또는 일부를 재사용하려면 반드시 출판사의 동의를 받아야 합니다.
파본은 구입처에서 교환해 드립니다.